きせつで楽しい みんなの おりがみ

「おりがみ くらぶ」主宰
新宮文明

日本文芸社

きせつの おりがみをかざろう！

「はるのおりがみ」（16〜50ページ）

はる

なつ

「なつのおりがみ」（52〜82ページ）

あき

「あきのおりがみ」（84〜114ページ）

3

「ふゆのおりがみ」（116〜153ページ）

きせつのしょくたくを たのしもう！

クリスマスやイベントで
おりがみが大かつやく！

「きせつのごはん」（154〜158ページ）

まいにちのごはんも　ちょっとしたくふうで
とってもたのしくなるよ！

5

もくじ

✂マークは
きりがみさくひんです

パート **2**

なつのおりがみ

おりかたの きほん

おりがみを はじめるまえに

● つかっている おりがみ

この本では、おもてと
うらに いろのついた
「りょうめんおりがみ」を
つかっています。
大きさは ふつうの おりがみ
（15cm×15cm）です。

● じょうずな おりかた

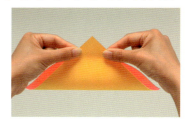

かどと かどを そろえておると、
きれいに できあがります。

おりずの きごう

◆ てんせんで おる

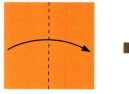

◆ てんせんで うしろへ おる

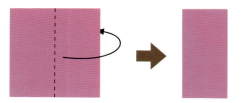

◆ おり目をつけて もどす

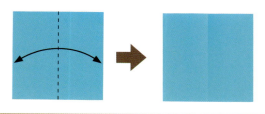

◆ うらがえす

うらがえす きごう

◆ むきを かえる

むきを かえる
きごう

◆ まくように おる

まくように おる きごう

◆ はさみで きる

はさみで きる きごう

けがを しないように ちゅういしてね！

◆ 大きくする

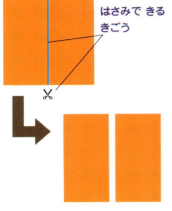

大きく 見せる マーク

おおきく

このマークの ところから ずが 大きくなります。

◆ ポイント

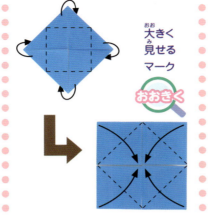

ポイントの マーク

ポイント

むずかしい おりかたの ところには とちゅうの ずが あります。

◆ てんせんで なかわりおり

なかわりおりの きごう

ポイント

なかわりおりの できあがり

てんせんで おって おり目を つけてから うちがわに おりこむ

おりこんでいる とちゅう

◆ てんせんで かぶせおり

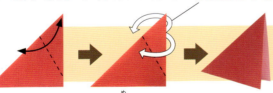

かぶせおりの きごう

ポイント

かぶせおりの できあがり

てんせんで おって おり目を つけてから そとがわに めくるように おる

かぶせている とちゅう

◆ てんせんで だんおり

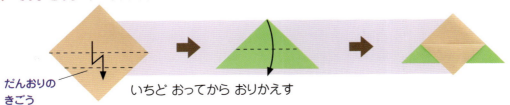

だんおりの きごう

いちど おってから おりかえす

きりがみを するときの おりかた

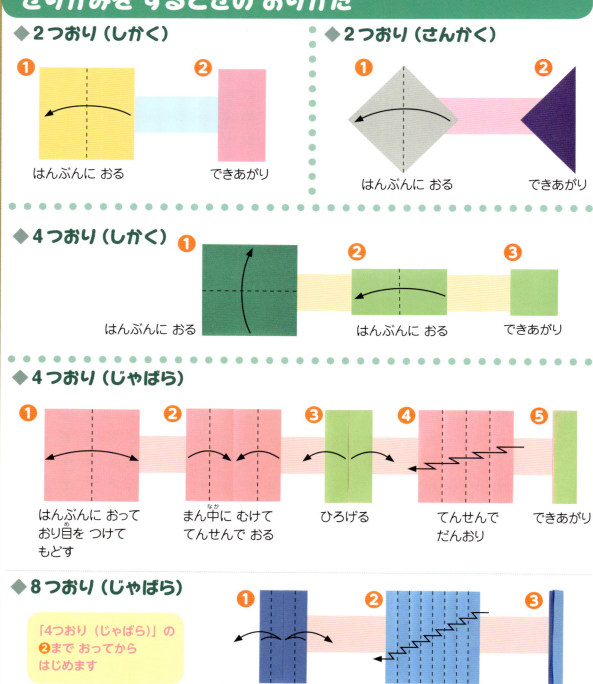

◆2つおり（しかく）

❶ はんぶんに おる　❷ できあがり

◆2つおり（さんかく）

❶ はんぶんに おる　❷ できあがり

◆4つおり（しかく）

❶ はんぶんに おる　❷ はんぶんに おる　❸ できあがり

◆4つおり（じゃばら）

❶ はんぶんに おって おり目を つけて もどす　❷ まん中に むけて てんせんで おる　❸ ひろげる　❹ てんせんで だんおり　❺ できあがり

◆8つおり（じゃばら）

「4つおり（じゃばら）」の ❷まで おってから はじめます

❶ まん中に むけて てんせんで おって おり目を つけてから ひろげる　❷ てんせんで だんおり　❸ できあがり

◆4つおり（さんかく）

1 はんぶんに おる
2 はんぶんに おる
3 できあがり

◆8つおり

「4つおり（さんかく）」の **3** から はじめます

1 はんぶんに おる
2 できあがり

◆16おり

「8つおり」の **2** から はじめます

1 はんぶんに おる
2 できあがり

◆6つおり

1 たてに はんぶんに おって おり目を つけてから よこに はんぶんに おる
2 てんせんで おる
3 できあがり

◆12おり

「6つおり」の **3** から はじめます

1 うしろへ はんぶんに おる
2 できあがり

◆24おり

「12おり」の **2** から はじめます

1 うしろへ はんぶんに おる
2 できあがり

◆10おり

1 はんぶんに おる
2 てんせんで おって おり目を つけて もどす
3 かどを ★に むけて おる
4 てんせんで おる
5 てんせんで おる
6 てんせんで うしろへ おる
7 できあがり

おおきく

この本の つかいかた

むずかしさのマーク

3〜5さいくらいの 小さな 子たちにも おれる かんたんな おりがみです。 小学生でも あまり おったことがない子は ここから はじめましょう！

おりがみに なれてきたら、 「ふつう」にも ちょうせんして みましょう！

おりかずが おおかったり、 おりかたが むずかしかったりする おりがみです。 がんばって おってみましょう！

かみのちゅういがき

下のような ちゅういがきが あるときには、かみの 大きさを かえたり、ひつような まいすうを ようい したりしてください。

●かみの大きさ●

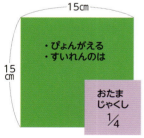

15㎝

15㎝

・ぴょんがえる
・すいれんのは

おたま じゃくし ¼

いっしょに かざるときに 大きさの バランスを かんがえたいときや、 いろいろな ぶひんが あるときには、 左の ような ずで しめしています。

4ぶんの1など 小さな かみを はんぶんに きってから はじめます

あらかじめ はんぶんに きったり、なんまいか ひつようだったりするときの ちゅういがきです。

めだまシール

この本には 「めだまシール」が ついています。 できあがった 虫や どうぶつなどの かおに 「めだまシール」を はって みましょう。 シールを はるのも たのしく、 できあがりが ますます かわいく なります。 ペンでは かきにくい いろの こい おりがみにも とっても べんりです！

パート1

はるの
おりがみ

チューリップ

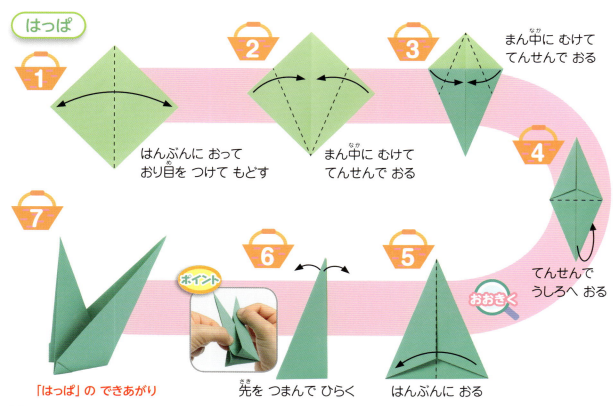

はっぱ

1 はんぶんに おって
おり目を つけて もどす

2 まん中に むけて
てんせんで おる

3 まん中に むけて
てんせんで おる

4 てんせんで
うしろへ おる

5 はんぶんに おる

おおきく

6 先を つまんで ひらく

ポイント

7 「はっぱ」の できあがり

はな

チューリップ

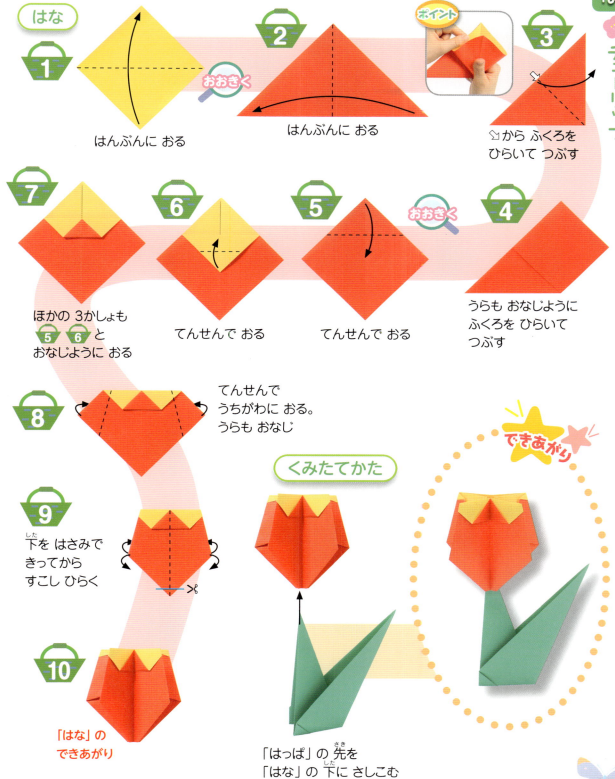

1 はんぶんに おる

2 おおきく
はんぶんに おる

ポイント

3 ⤵から ふくろを
ひらいて つぶす

7 ほかの 3かしょも
5 **6** と
おなじように おる

6 てんせんで おる

5 おおきく
てんせんで おる

4 うらも おなじように
ふくろを ひらいて
つぶす

8 てんせんで
うちがわに おる。
うらも おなじ

9 下を はさみで
きってから
すこし ひらく

10 「はな」の
できあがり

くみたてかた

できあがり

「はっぱ」の 先を
「はな」の 下に さしこむ

はるのむし

15cm

15cm

あげはちょう

あおむし 1/4

あおむし ふつう

1

たてよこ
はんぶんに
おって
おり目を
つけて もどす

2

てんせんで
おる

1/3

3 おおきく

うらがえす

4

てんせんで うしろへ だんおり

5 おおきく

うしろへ はんぶんに おる

6 ポイント

てんせんで なかわりおり

7 ポイント

せなかが そるように ととのえる

できあがり

目を かく

あげはちょう

1

たてよこ はんぶんに おって
おり目を つけて もどす

2
てんせんで
おる

3
まん中に むけて
てんせんで おる

6
むきを
かえる

5
上の かみを
てんせんで おる。
うらも おなじ

4
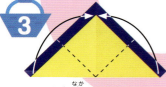
うしろへ
はんぶんに おる

おおきく

7

てんせんで おって おり目を
つけて もどす

ポイント

8

てんせんで なかわりおり

9
目と もようを
かく

できあがり

きりがみ をつくろう！

おりかたは、13ページを 見てね！

クローバー

6つおり

青い せんを はさみで きってから ひろげる

おはな

8つおり

おひなさま

めびな ふつう

●かみの大きさ●

かみ

1
たてよこ はんぶんに
おって おり目を
つけて もどす

2
てんせんで
おる

3
てんせんで おる

4
てんせんで うしろへ おる

おおきく

5
てんせんで
うしろへ おる

6
「かみ」の できあがり

おひなさま

からだ

1 たてよこ はんぶんに おって おり目を つけて もどす

2 まん中に むけて てんせんで おる

3 てんせんで おる

4 $\frac{1}{2}$ てんせんで おる

5 てんせんで おる

6 右も **4** **5** と おなじように おる

おおきく

7 うらがえす

8 てんせんで おる

9 てんせんで おる

10 うらがえす

11 「からだ」の できあがり

くみたてかた

「かみ」を 「からだ」に かぶせ、まん中で すこし うしろに おる

せんす

1 はんぶんに おって おり目を つけて もどす

2 まん中に むけて うしろへ おる

3 青い せんを はさみで きる

4 「せんす」の できあがり

できあがり

かおを かいて 「せんす」を はる

21

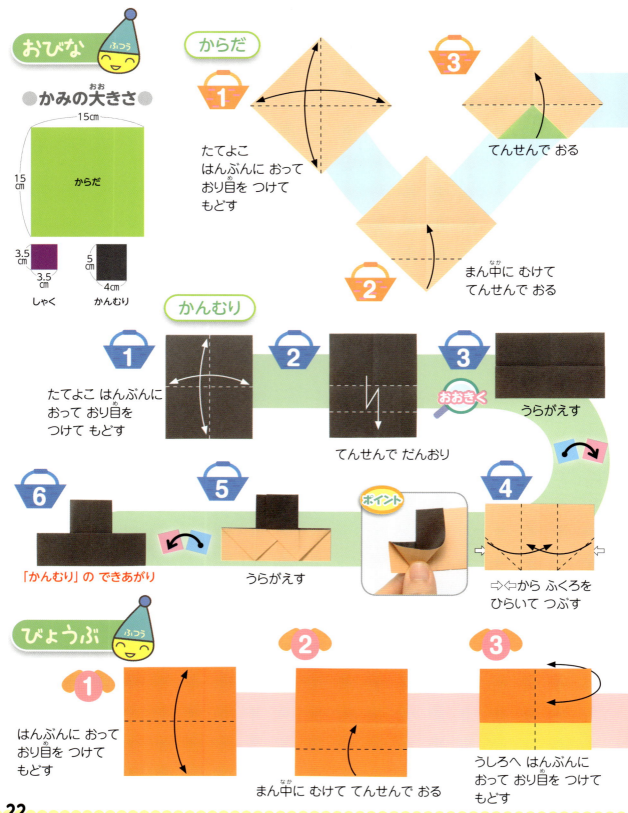

おびな　ふつう

●かみの大きさ●

15cm
15cm　からだ

3.5cm / 3.5cm　しゃく

5cm / 4cm　かんむり

からだ

1　たてよこ はんぶんに おって おり目を つけて もどす

2　まん中に むけて てんせんで おる

3　てんせんで おる

かんむり

1　たてよこ はんぶんに おって おり目を つけて もどす

2　てんせんで だんおり

3　おおきく　うらがえす

4　⇨⇦から ふくろを ひらいて つぶす

ポイント

5　うらがえす

6　「かんむり」の できあがり

びょうぶ　ふつう

1　はんぶんに おって おり目を つけて もどす

2　まん中に むけて てんせんで おる

3　うしろへ はんぶんに おって おり目を つけて もどす

おひなさま

4 おおきく
うらがえす

5
まん中に むけて
てんせんで おる

6 てんせんで
おる

7
うらがえす

8 おおきく
てんせんで おる

くみたてかた

9
⇘から ふくろを
ひらいて つぶす。
上は てんせんで
うしろへ おる

ポイント

10
「からだ」の
できあがり

1
「かんむり」を
「からだ」に かぶせ、
まん中で すこし
うしろへ おる

2
てんせんで
うしろへ おる

かおを かいて
「しゃく」を
そでの
うちがわに はる

できあがり

しゃく

1 てんせんで おる
$\frac{1}{3}$

2
てんせんで
ほそく おる

3
うらがえす

4
「しゃく」の
できあがり

4
てんせんで だんおり

5
ひろげる

6
うらがえす

できあがり

うさぎの きょうだい

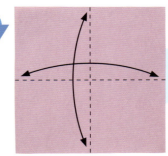

1

たてよこ はんぶんに おって
おり目を つけて もどす

8 ポイント

↗から まん中の ふくろを
ひらいて つぶす

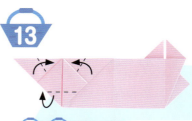

13

9 **10** と おなじように おる

14

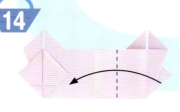

てんせんで おる

かざってみよう！

イースターは たまごや
うさぎの かざりと
ごちそうで おいわいする日。
きれいな もようを かいたり、
マスキングテープで
かざったりした たまごを、
「シンプルエッグスタンド」
（156ページ）に
のせて いっしょに かざろう

うさぎのきょうだい

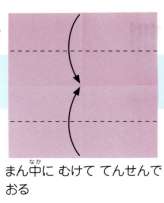

まん中に むけて てんせんで
おる

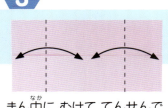

まん中に むけて てんせんで
おって おり目を つけて もどす

てんせんで おって おり目を
つけて もどす

ポイント

おおきく

うしろへ はんぶんに おる

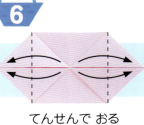

てんせんで おる

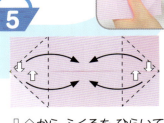

⇩⇧から ふくろを ひらいて
つぶす

てんせんで おる

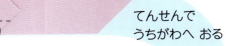

てんせんで
うちがわへ おる

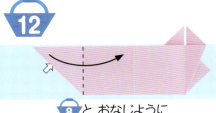

8 と おなじように
ふくろを ひらいて つぶす

うらがえす

おおきく

ポイント

てんせんで なかわりおり

できあがり

かおを かく

25

さくらのさら

「きりがみを するときの おりかた」
（13ページ）の「10おり」から
はじめます

1 赤い せんを
はさみで きる

2 てんせんで
おって おり目を
つけて もどす

3 **4** の かたちまで
ひろげる

てんせんで
おる

4

5 下の かみを
ひらく

ポイント

6 てんせんで おって つぶす

7 てんせんで うしろへ おる

8 **4** ～ **6** と おなじように おる。
ほかの 3かしょも おなじ

9 うらがえす

10 まん中を
たいらに
つぶす

できあがり

26

いちご

ふつう

1 はんぶんに おる

2 はんぶんに おる

ポイント

3 ☆から ふくろを
ひらいて つぶす。
うらも おなじ

おおきく

4 てんせんで
うちがわへ おる

5 てんせんで
おる

6 てんせんで
うしろへ おる

7 てんせんで
おる

たねを かく

できあがり

きりがみ をつくろう！

おりかたは、13ページを 見てね！

いちごのはな

10おり

青い せんを はさみで きってから ひらき、
うしろに きいろの かみを はる

27

ランドセル むずかしい

15cm

15cm

・ほんたい①
・ほんたい②

ベルト

カバー
1/2

ほんたい①

4
まん中に むけて
てんせんで おる

おおきく

3
まん中に むけて
てんせんで うしろへ おる

2
まん中に むけて
てんせんで おる

1
たてよこ はんぶんに
おって おり目を
つけて もどす

ポイント

5
うらがえす

6
⇩⇧⇨⇦から ふくろを
ひらいて つぶす

7
うしろへ おって 立てる

8
「ほんたい①」の
できあがり

28

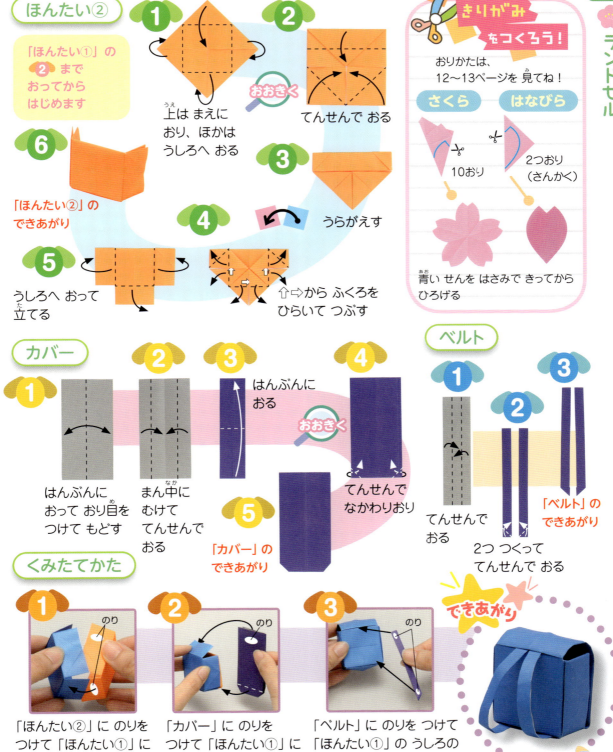

ほんたい②

「ほんたい①」の ② まで おってから はじめます

1 上は まえに おり、ほかは うしろへ おる

おおきく

2 てんせんで おる

3 うらがえす

4 ⇧⇨から ふくろを ひらいて つぶす

5 うしろへ おって 立てる

6 「ほんたい②」の できあがり

きりがみをつくろう!

おりかたは、12〜13ページを 見てね!

さくら	はなびら
10おり	2つおり（さんかく）

青い せんを はさみで きってから ひろげる

ランドセル

カバー

1 はんぶんに おって おり目を つけて もどす

2 まん中に むけて てんせんで おる

3 はんぶんに おる

おおきく

4 てんせんで なかわりおり

5 「カバー」の できあがり

ベルト

1 てんせんで おる

2 2つ つくって てんせんで おる

3 「ベルト」の できあがり

くみたてかた

1 のり「ほんたい②」に のりを つけて「ほんたい①」に さしこむ

2 のり「カバー」に のりを つけて「ほんたい①」に さしこむ

3 のり「ベルト」に のりを つけて「ほんたい①」の うしろの すきまに さしこむ

できあがり

こねことこいぬ

こねこ① かんたん

1 はんぶんに おる

おおきく

2 はんぶんに おる

3 ⇦から ふくろを ひらいて つぶす

ポイント

4 うらも おなじように ふくろを ひらいて つぶす

5 上の 1まいを てんせんで うしろへ おる

6 てんせんで うしろへ おる

7 てんせんで おる

できあがり

かおを かく

30

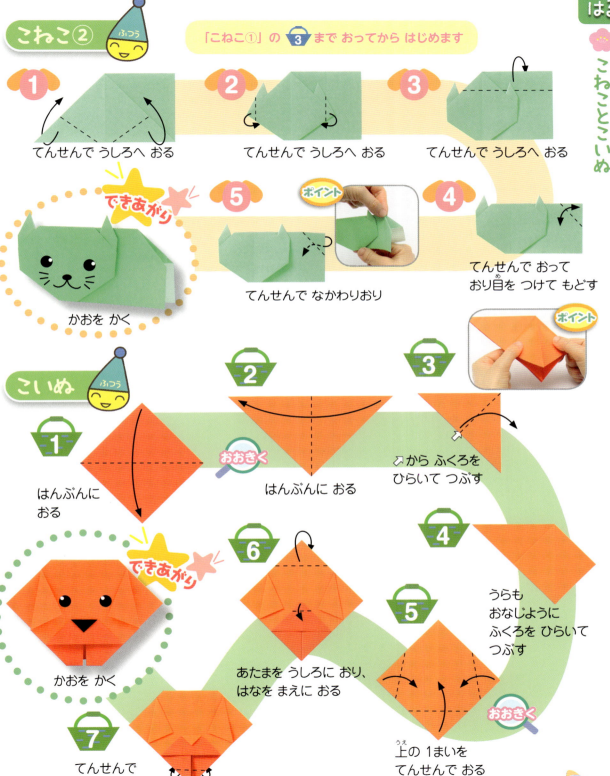

こねこ② ふつう

「こねこ①」の 3 まで おってから はじめます

1 てんせんで うしろへ おる

2 てんせんで うしろへ おる

3 てんせんで うしろへ おる

4 てんせんで おって おり目を つけて もどす

ポイント

5 てんせんで なかわりおり

ポイント

できあがり
かおを かく

こいぬ ふつう

1 はんぶんに おる

2 はんぶんに おる

おおきく

3 ↗から ふくろを ひらいて つぶす

ポイント

4 うらも おなじように ふくろを ひらいて つぶす

5 上の 1まいを てんせんで おる

おおきく

6 あたまを うしろに おり、はなを まえに おる

7 てんせんで うちがわに おる

できあがり
かおを かく

31

つばめのおやこ

●かみの大きさ●

15cm

15cm

・つばめのす
・つばめ

ひな
¼

つばめのす　ふつう

1

はんぶんに おる

2

はんぶんに おる

3

ポイント

⇦から ふくろを
ひらいて つぶす

4

うらも おなじように
ふくろを ひらいて
つぶす

5 おおきく

てんせんで
おって おり目を
つけて もどす

ポイント

6

てんせんで
なかわりおり

7

うらも **5** **6** と
おなじように おる

8 おおきく

てんせんで
うしろへ おる

9

「つばめのす」の できあがり
「ひな」を 2～3わ つくって
さしこむ

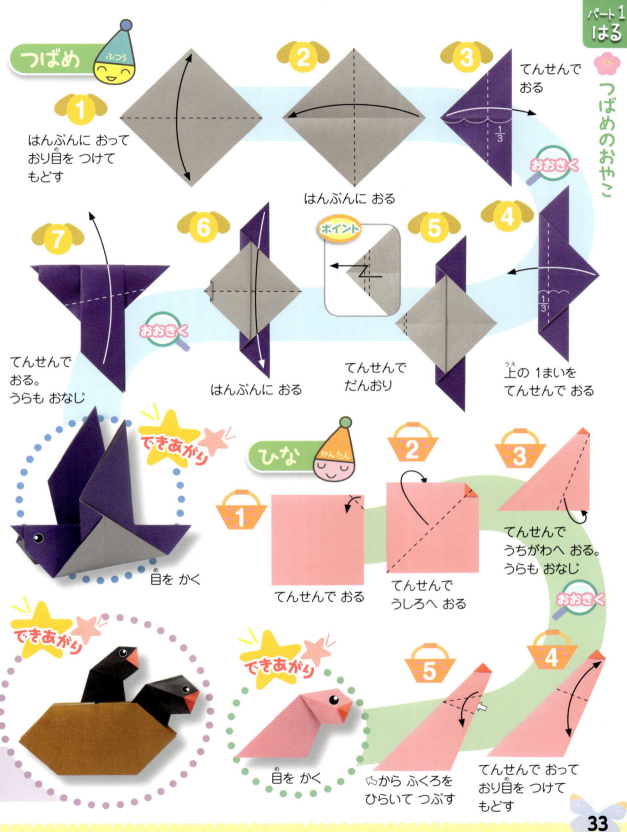

つばめ ふつう

つばめのおやこ

1
はんぶんに おって
おり目を つけて
もどす

2
はんぶんに おる

3
てんせんで
おる

1/3

おおきく

4
上の 1まいを
てんせんで おる

1/3

5
てんせんで
だんおり

ポイント

6
はんぶんに おる

7
てんせんで
おる。
うらも おなじ

できあがり

目を かく

できあがり

ひな かんたん

1
てんせんで おる

2
てんせんで
うしろへ おる

3
てんせんで
うちがわへ おる。
うらも おなじ

おおきく

4
てんせんで おって
おり目を つけて
もどす

5
✧から ふくろを
ひらいて つぶす

できあがり

目を かく

こいのぼり

かざぐるま ふつう

1
たてよこ はんぶんに
おって おり目を
つけて もどす

2
まん中に むけて
てんせんで おる

3
まん中に むけて
てんせんで おって
おり目を つけて
もどす

4
ポイント
⇧⇩から ふくろを ひらいて つぶす

5
おおきく
てんせんで おる

6
⇩⇧⇨⇦から ふくろを
すこし あけ まん中に ピンを
さして わりばしなどに とめる
ポイント

●かみの大きさ●

15cm
15cm
・こいのぼり
・ふきながし

5cm
5cm
かざぐるま

できあがり

こいのぼり ふつう

こいのぼり

1 はんぶんに おって おり目を つけて もどす

2 まん中に むけて てんせんで おる

3 おおきく まん中に むけて てんせんで おる

4 うちがわの かみを ⇧⇩から ひきだして つぶす

ポイント

5 てんせんで おる

6 てんせんで うしろへ おる

7 うしろへ はんぶんに おる

8 おおきく ポイント てんせんで なかわりおり

できあがり 目と うろこを かく

ふきながし ふつう

できあがり

1 てんせんで おる

2 はんぶんに おる

3 はんぶんに おる

4 はんぶんに おる

5 はんぶんに おる

6 **2**の かたちまで ひらく

7 ポイント のり のり
青い せんを はさみで きってから のりを つけて さしこみ、わっかにする

かぶと

おとこのこのかお かんたん

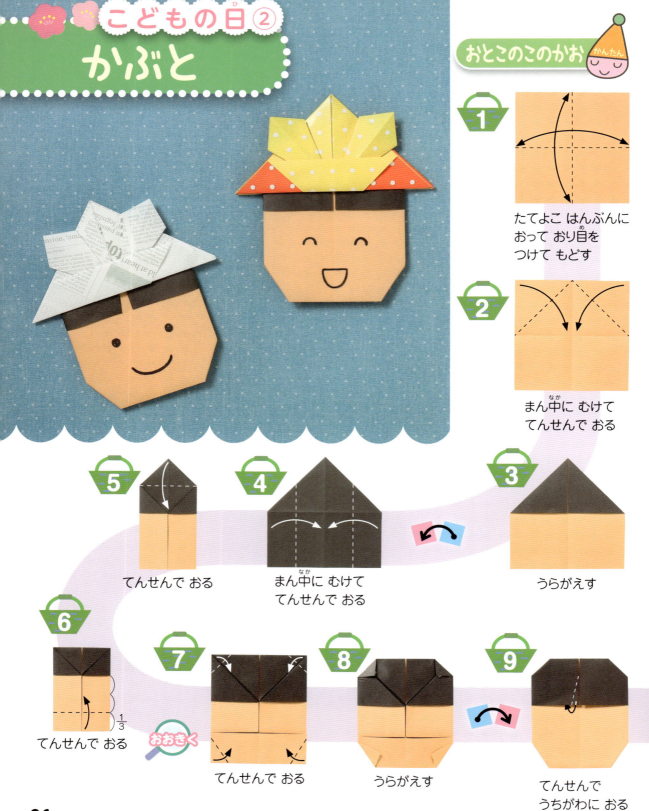

1 たてよこ はんぶんに おって おり目を つけて もどす

2 まん中に むけて てんせんで おる

3 うらがえす

4 まん中に むけて てんせんで おる

5 てんせんで おる

6 てんせんで おる $\frac{1}{3}$

おおきく

7 てんせんで おる

8 うらがえす

9 てんせんで うちがわに おる

かぶと ふつう

かぶと

1

はんぶんに
おって
おり目を つけて
もどす

2

はんぶんに おる

3

まん中に むけて
てんせんで おる

4

てんせんで おる

おおきく

5

てんせんで
おる

6

てんせんで おって
おり目を つけて
もどす

7

ポイント

↖↗から ふくろを ひらいて
つぶす

8

てんせんで だんおり

9

てんせんで
うちがわに おる

10

てんせんで おって
さしこむ

できあがり

かおを かく

できあがり

37

●かみの大きさ●

15㎝		くき
15㎝ はな		¼

くみたてかた

のり

できあがり

「はな」に
のりを つけて
「くき」
（40ページ）を
はる

18

「はな」の
できあがり

17

テープ

テープを はって うらがえす

16

てんせんで おる

はな

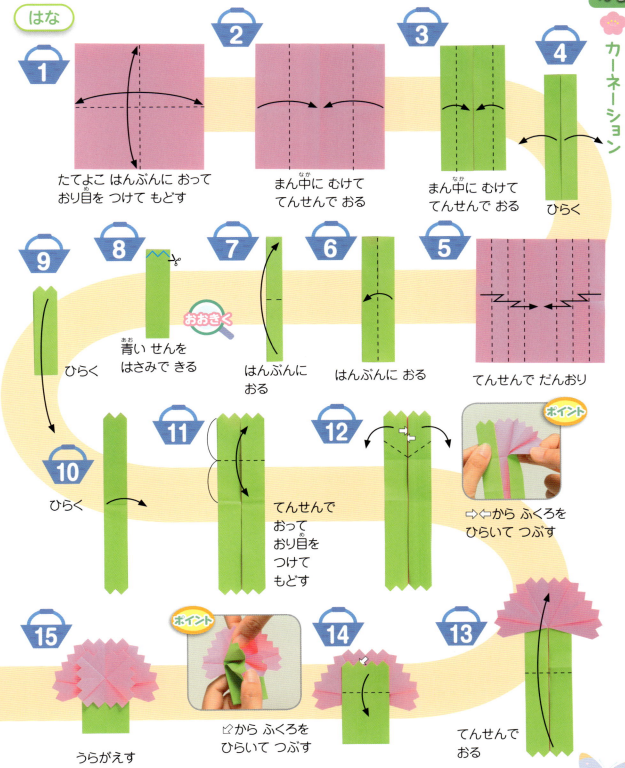

1 たてよこ はんぶんに おって
おり目を つけて もどす

2 まん中に むけて
てんせんで おる

3 まん中に むけて
てんせんで おる

4 ひらく

カーネーション

5 てんせんで だんおり

6 はんぶんに おる

7 はんぶんに
おる

おおきく

8 青い せんを
はさみで きる

9 ひらく

10 ひらく

11 てんせんで
おって
おり目を
つけて
もどす

12 ⇨⇦から ふくろを
ひらいて つぶす

ポイント

13 てんせんで
おる

14 ↙から ふくろを
ひらいて つぶす

ポイント

15 うらがえす

くき

1 たてよこ はんぶんに おって おり目を つけて もどす

2 まん中に むけて てんせんで おる

3 まん中に むけて てんせんで おって おり目を つけて もどす

4 てんせんで おる

5 てんせんで だんおり

6 ⇨⇦から ふくろを ひらいて つぶす

ポイント

7 てんせんで おる

8 うらがえす

9 「くき」の できあがり

かざってみよう！

きりがみの おりかたは、12ページを 見てね！

はっぱ

2つおり （しかく）

4ぶんの1サイズなどの 小さめの かみを つかう。 赤い せんを はさみで きってから ひろげる

「くき」にはる

40

かさ

かさ むずかしい

●かみの大きさ

15cm	かさのえ
15cm かさ	1/4

かさのえ

1 てんせんで
おる

1/5

2 うしろへ
はんぶんに
おる

3 てんせんで
おる

1/3

① ②

ポイント

おおきく

4 てんせんで
なかわりおり

5 てんせんで
なかわりおり

ポイント

6 ひらく

7 まくように
おる

8 のりを
つけて
はる

のり

「かさのえ」の
できあがり

ほんたい

1 はんぶんに おる

2 はんぶんに おる

おおきく

3 ポイント

↘から ふくろを ひらいて つぶす

4 うらも おなじように ふくろを ひらいて つぶす

おおきく

5 まん中に むけて てんせんで おって おり目を つけて もどす。 うらも おなじ

6 ↗から ふくろを ひらいて つぶす

ポイント

7 ほかの 3かしょも おなじように ふくろを ひらいて つぶす

おおきく

8 1まいずつ めくる

9 てんせんで うちがわへ おる

ポイント

10 ほかの 3かしょも おなじように うちがわへ おる

11 ひらく

12 のり ぜんぶの すきまに のりを つけて はる。 下を すこし きる

のり

13 「ほんたい」の できあがり

くみたてかた

できあがり

「かさのえ」 （41ページ）に のりを つけて 「ほんたい」に さしこむ

かさたて

●かみの大きさ●

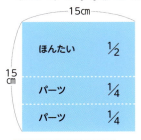

ほんたい	1/2
パーツ	1/4
パーツ	1/4

15cm / 15cm

くみたてかた

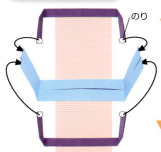

のり

「ほんたい」に のりを つけた
「パーツ」を さしこむ

できあがり

ほんたい

1
たてよこ はんぶんに おって
おり目を つけて もどす

2
まん中に むけて
てんせんで おる

3
まん中に むけて てんせんで
おって 立てる

4
「ほんたい」の できあがり

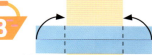

パーツ

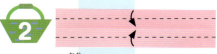

1
たてよこ はんぶんに おって
おり目を つけて もどす

2
まん中に むけて てんせんで おる

3
はんぶんに おる

4
まん中に むけて てんせんで おる

5
てんせんで
おる

6
立てる

7
「パーツ」の
できあがり
2つ つくる

かさ

かざってみよう！

あじさい

はな

4ぶんの1サイズなど 小さな
かみで「ブロッコリー」（103
ページ）の **7** の かたちを
つくる。たくさん つくって
のりで はりあわせる

きりがみの
おりかたは、
12ページを
見てね！

はっぱ

2つおり
（さんかく）

赤い せんを
はさみで
きってから
ひろげる

バラとせびろのふくろ

バラ　むずかしい

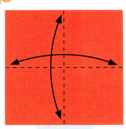

1

たてよこ はんぶんに おって
おり目を つけて もどす

2

うらがえす

3

てんせんで おって
おり目を つけて もどす

4

ポイント

おり目を つかって たたむ

5

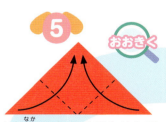
おおきく

まん中に むけて てんせんで
おる

ポイント

6

⇨⇦から ふくろを
ひらいて つぶす

7

てんせんで おる

8

うらがえす

かざってみよう！

テープ

のり

おりがみを まるめて
テープで はり、
さんかくの つつを
つくる

「バラ」の 花びらの先に のりを
つけて つつの うちがわに はる

できあがり

18
8まいの 花びらの
先を ようじなどで
まく

15

★に 4本の ゆびを さしこむ

ポイント

16

3～4かい ねじる

17

かみの 先を ゆび先で
3～4かい ねじる

ポイント

14

⇩から ひらいて 十字にする

13
てんせんで おって 立てる

12
うらがえす

9
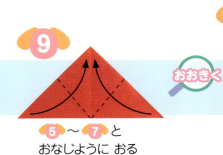
5 ～ 7 と
おなじように おる

おおきく

10
てんせんで おって
おり目を つけて もどす

11
⇧から ふくろを
ひらいて つぶす

ポイント

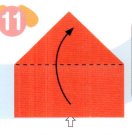

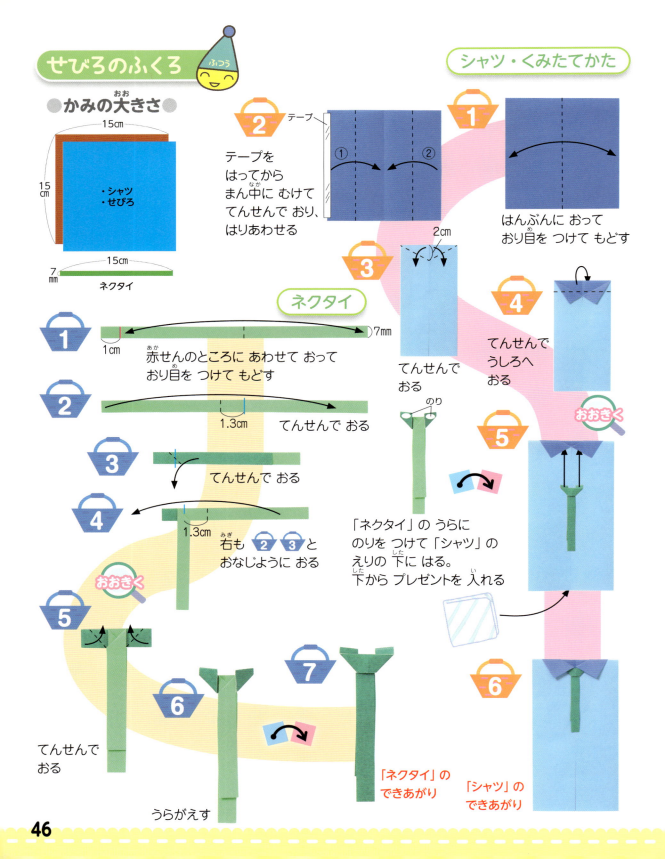

せびろのふくろ ふつう

シャツ・くみたてかた

●かみの大きさ●

15cm
15cm
・シャツ
・せびろ

15cm
7mm
ネクタイ

2 テープ
テープを
はってから
まん中に むけて
てんせんで おり、
はりあわせる

① ②

1
はんぶんに おって
おり目を つけて もどす

3 2cm

てんせんで
おる

4
てんせんで
うしろへ
おる

ネクタイ

1 7mm
1cm
赤せんのところに あわせて おって
おり目を つけて もどす

2
1.3cm
てんせんで おる

3
てんせんで おる

4
1.3cm
右も **2** **3** と
おなじように おる

のり

「ネクタイ」の うらに
のりを つけて「シャツ」の
えりの 下に はる。
下から プレゼントを 入れる

おおきく

5

おおきく

5

6

7

6

てんせんで
おる

うらがえす

「ネクタイ」の
できあがり

「シャツ」の
できあがり

バラとせびろのふくろ

せびろ

1
たてよこ はんぶんに おって
おり目を つけて もどす

2
テープを はってから
まん中に むけて てんせんで
おり、はりあわせる

テープ

3
うらがえす

おおきく

4
1.5cm
てんせんで
おって おり目を
つけて もどす

5
↑から
ふくろを
ひらいて
つぶす

ポイント

6
まん中に むけて
てんせんで おる

7
テープを はって
うらがえす

テープ

8
てんせんで
おる

9
てんせんで おる

10
「せびろ」の
できあがり

くみたてかた

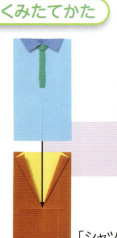

「シャツ」を
さしこむ

できあがり

かえるのおやこ

●かみの大きさ●

15㎝ × 15㎝
・ぴょんがえる
・すいれんのは

おたま
じゃくし
¼

ぴょんがえる むずかしい

1

はんぶんに おって おり目を
つけて もどす

2

はんぶんに
おる

3

まん中に むけて
うしろへ おって
おり目を つけて
もどす

おおきく

4

てんせんで
おって おり目を
つけて もどす

5

おり目を つかって
たたむ

ポイント

6

おおきく

てんせんで おる

48

かえるのおやこ

できあがり

目を かく

あそんでみよう！

ハードル

4ぶんの1サイズで
つくります

はんぶんに おる

てんせんで
おっており目を
つけて もどす

まよこに おって
立てる

かえるが
ぴょんと とぶよ

かえるの おしりを つよく
おして 下に ずらしながら
ゆびを はなします

14

13
てんせんで おる

うらがえす

12
てんせんで おる

11
おおきく
てんせんで おる

ポイント

10
うちがわから かどを
ひき出す

7
まん中に むけて
てんせんで おる

8
おおきく
まん中に むけて
てんせんで おる

9
まん中に むけて
てんせんで おって
おり目を つけて もどす

おたまじゃくし

1 はんぶんに おる

2 はんぶんに おる

おおきく

3 ☆から ふくろを ひらいて つぶす

ポイント

4 てんせんで うしろへ おる

できあがり

目を かく

すいれんのは

1 たてよこ はんぶんに おって おり目を つけて もどす

2 てんせんで おる

3 てんせんで おる

4 てんせんで うしろへ おる

5 てんせんで うしろへ おる

できあがり

パート2

なつのおりがみ

はな

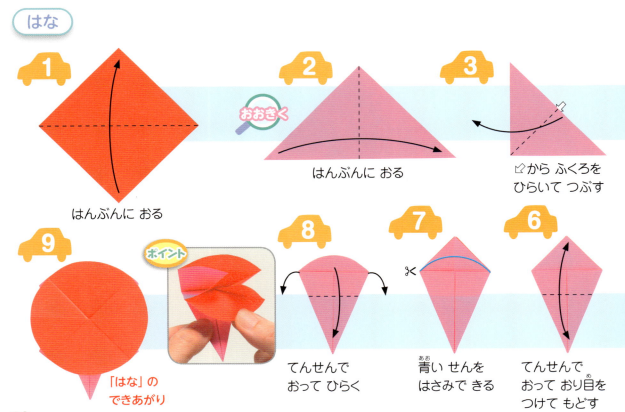

1 はんぶんに おる

2 おおきく　はんぶんに おる

3 ⤢から ふくろを ひらいて つぶす

9 「はな」の できあがり

ポイント

8 てんせんで おって ひらく

7 青い せんを はさみで きる

6 てんせんで おって おり目を つけて もどす

はっぱ

かざってみよう！

「クリスマスリース」
（119ページ）の
うしろに かみを はって
「あさがお」を はると
なつの リースに なるよ

1

たて はんぶんに おって
おり目 を つけてから
はんぶんに おる

2

てんせんで
おる

3

てんせんで おる

4

てんせんで おる

おおきく

5

てんせんで おる

6

てんせんで おる

7

うらがえす

8

「はっぱ」の
できあがり

4

うらも おなじように
ふくろを ひらいて つぶす

5

おおきく

まん中に むけて
てんせんで おる。
うらも おなじ

できあがり

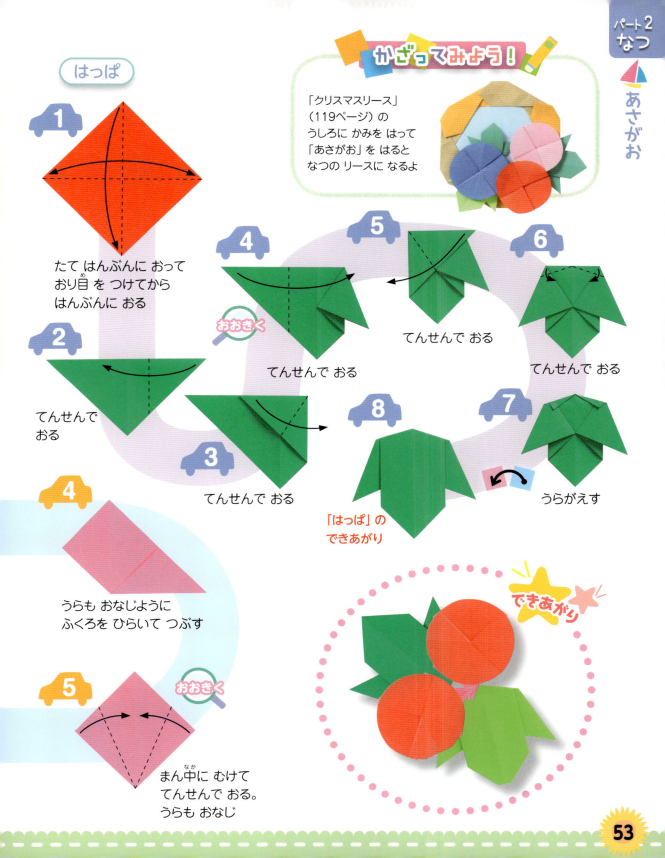

なつのむし

1

たてよこ はんぶんに おって
おり目を つけて もどす

2

$\frac{1}{3}$

てんせんで
おる

5

てんせんで
うしろへ おる

4

てんせんで
うちがわへ おる

3

$\frac{1}{3}$

てんせんで
おる

6

おおきく

てんせんで
うしろへ おる

7

まん中で すこし
うしろへ おる

できあがり

目と もようを かく

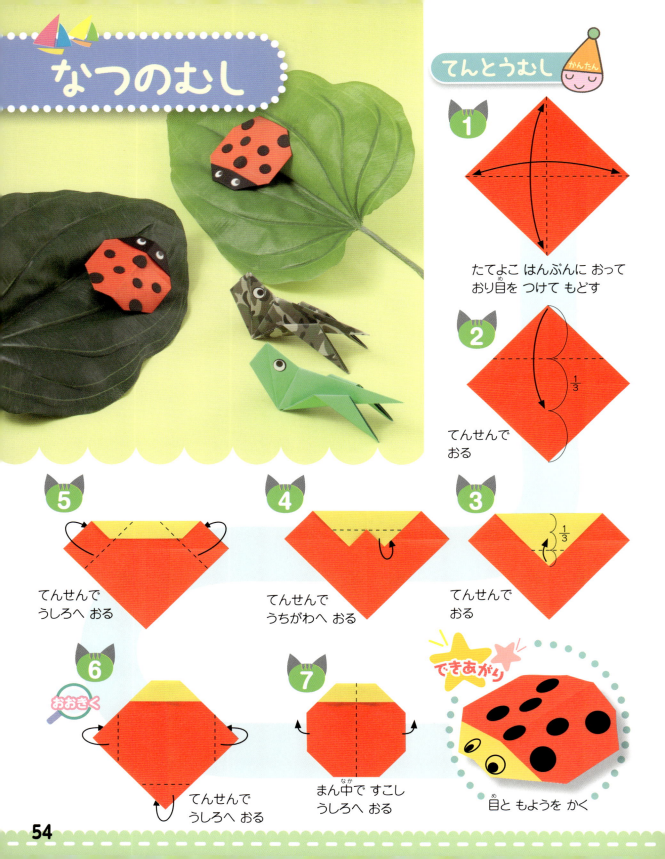

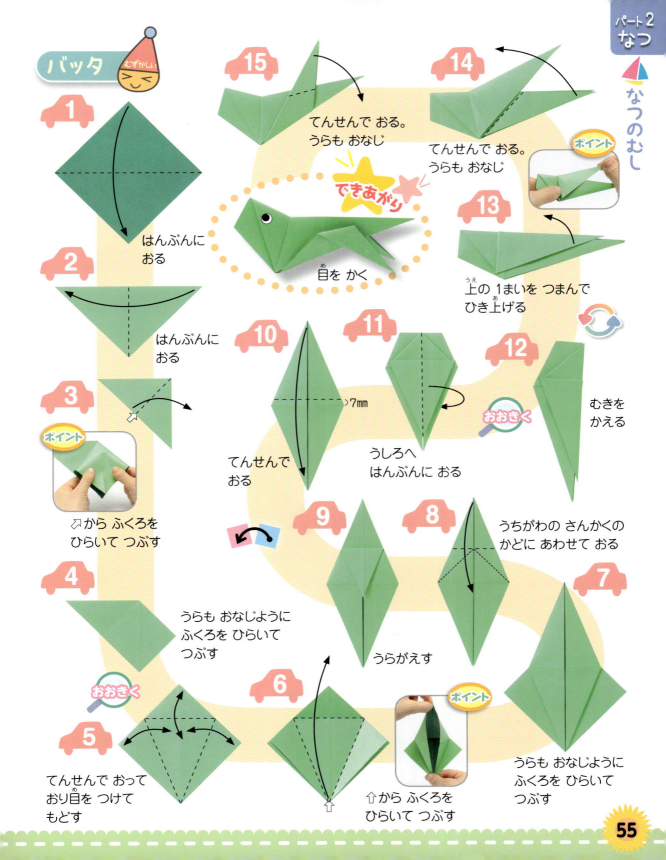

バッタ　むずかしい

1 はんぶんに おる

2 はんぶんに おる

3 ポイント ♪から ふくろを ひらいて つぶす

4 うらも おなじように ふくろを ひらいて つぶす

5 おおきく てんせんで おって おり目を つけて もどす

6 ⇧から ふくろを ひらいて つぶす

ポイント

7 うらも おなじように ふくろを ひらいて つぶす

8 うちがわの さんかくの かどに あわせて おる

9 うらがえす

10 てんせんで おる

11 7mm うしろへ はんぶんに おる

12 おおきく むきを かえる

13 上の 1まいを つまんで ひき上げる

ポイント

14 てんせんで おる。うらも おなじ

15 てんせんで おる。うらも おなじ

できあがり 目を かく

なつのむし

55

きんぎょすくい

15㎝

ポイ

15㎝

きんぎょ 1/4

きんぎょ かんたん

1

はんぶんに
おって おり目を
つけて もどす

2

まん中に むけて
てんせんで おる

3

おおきく

てんせんで
おる

4

はんぶんに おる

5

てんせんで おって
おり目を つけて もどす

おおきく

6

てんせんで
なかわりおり

ポイント

ポイント

7

↘から ふくろを
ひらいて つぶす

できあがり

目を かく

ポイ むずかしい

きんぎょすくい

1 たてよこ はんぶんに おって おり目を つけて もどす

2 まん中に むけて てんせんで おる

3 おおきく てんせんで おる

4 てんせんで おる

5 てんせんで おる

6 うらがえす

7 てんせんで おる

8 てんせんで だんおり

9 ⇨⇦から ふくろを ひらいて つぶす

ポイント

10 てんせんで おる

11 うらがえす

12 てんせんで おる

できあがり

たなばたリース

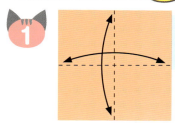

1 たてよこ はんぶんに おって
おり目を つけて もどす

7 てんせんで おる

 おおきく

8 うらがえす

さんかくぼし かんたん

おりがみを 3まい つかいます

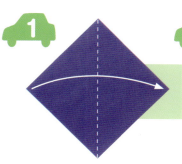

1 はんぶんに おる

2 おなじ ものを 3つ つくる

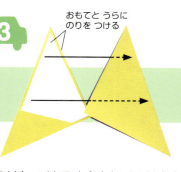

おもてと うらに
のりを つける

3 のりを つけて もう1まいに はさむ

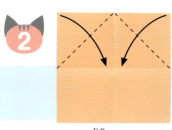
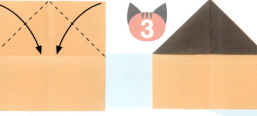

まん中に むけて
てんせんで おる

うらがえす

おおきく

てんせんで おる

まん中に むけて
てんせんで おる

てんせんで おる

てんせんで
うちがわへ おる

てんせんで
うしろへ おる

白い せんを
はさみで きる

おりかたは、13ページを 見てね！

きりがみ
をつくろう！

はさみほし

10おり

青い せんを はさみで
きってから ひろげる

できあがり

かおを かく

できあがり

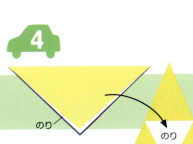

4

5

もう1まいの うちがわに
のりを つけて
はりあわせ、
白いところに はる

のり

のり

「さんかくぼし」の
できあがり

「ひこぼしのかお」と
「おりひめのかお」
（60ページ）を はる

おりひめのかお

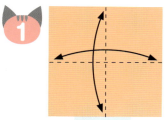

1 たてよこ はんぶんに おって
おり目を つけて もどす

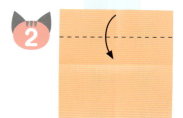

2 まん中に むけて
てんせんで おる

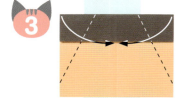

3 てんせんで おる

4 うらがえす

5 てんせんで おる 1/3

9 てんせんで おって
おり目を つけて もどす

8 てんせんで おる

おおきく

7 てんせんで おる

おおきく

6 まん中に むけて
てんせんで おる

10

ポイント

↘から ふくろを
ひらいて つぶす

11 うらがえす

12 てんせんで うしろへ おる

13 のり △ △

白い かみを
小さな
さんかくに
きって はる

できあがり

かおを かく

たなばた②
たなばたかざり

たなばたリース／たなばたかざり

あみかざり ふつう

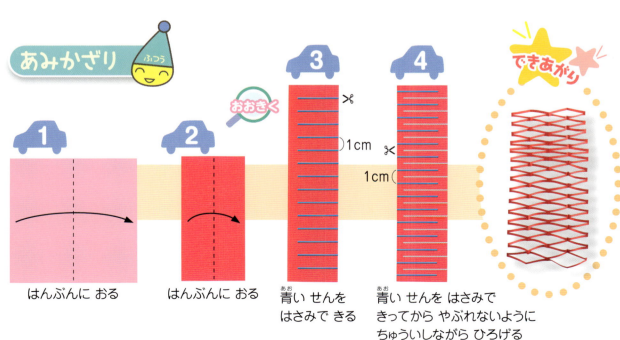

1 はんぶんに おる

2 はんぶんに おる

おおきく

3 青い せんを はさみで きる

1cm
1cm

4 青い せんを はさみで きってから やぶれないように ちゅういしながら ひろげる

できあがり

61

ちょうちん

できあがり

うちがわに テープで
糸を はる

1 はんぶんに おる

2 おおきく　1〜1.5㎝
てんせんで おる。
うらも おなじ

3 青いせんを はさみで
きってから ひろげる　1㎝

4 ポイント　のり
のりを つけて まるめ、さしこむ

ささつづり

4ぶんの1サイズなど
小さめの かみを
つかいます

できあがり

上に 糸を はる

1 はんぶんに
おる

2 ② ①　1/3
てんせんで おる

3 おおきく
てんせんで
おる

4 てんせんで
おる

5 てんせんで
おる

6 うらがえす

7 のり

「ささ」の できあがり
おなじものを 5〜10こつくり、
のりを つけて はる

おうぎつづり

1 はんぶんに おって おり目を つけて もどす

2 まん中に むけて てんせんで おる

3 まん中に むけて てんせんで おる

4 ひろげる

5 てんせんで だんおり

6 うらがえす

7 はんぶんに おる

8 のりを つけて はりあわせる のり

9 のり のり

たなばたかざり

かざってみよう！

たんざく

4ぶんの1に きった かみを てんせんで おり、あなを あけて 糸を とおすと、かんたんな 「たんざく」に なるよ！

4ぶんの1サイズ

「ひこぼしのかお」「おりひめのかお」（58〜60ページ）や、どうぶつのかお（「えとのどうぶつ」143〜147ページ）を はって かざろう

「おうぎ」の できあがり
おなじものを5〜10こつくり、のりを つけて はりあわせる

できあがり

上に 糸を はる

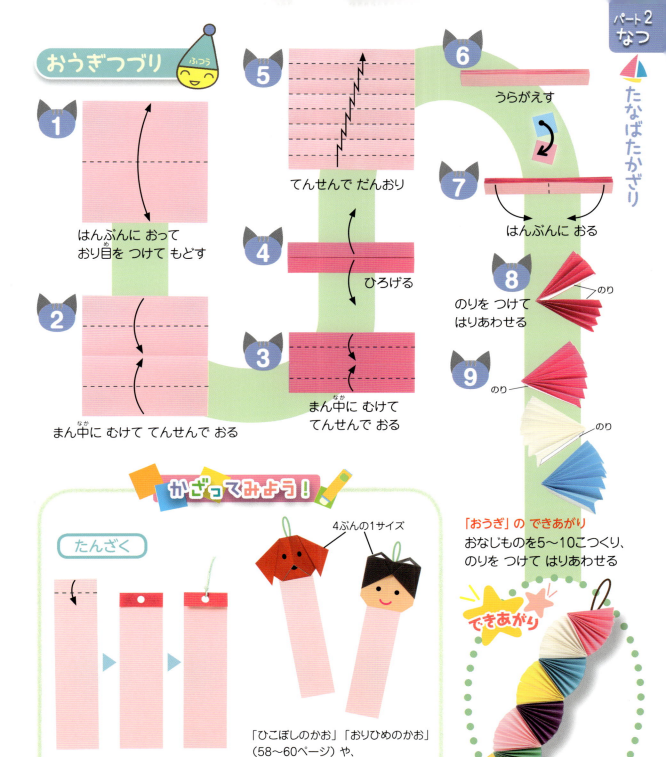

なつのフルーツ

1

はんぶんに おって
おり目を つけて もどす

2

てんせんで おる

3

てんせんで おる

4

てんせんで うしろへ おる

おおきく

5

うしろへ はんぶんに おる

できあがり

たねを かく

もも かんたん

1
はんぶんに おって
おり目を つけて もどす

2
はんぶんに おる

3
上の 1まいを
てんせんで おる

4
てんせんで おる

5
てんせんで うしろへ おる

6
おおきく ⤵⤴から ふくろを
ひらいて つぶす

ポイント

7
てんせんで なかわりおり

8
てんせんで おる

9
うらがえす

かざってみよう！

「すいか」に ひもを
つけて つるすと
たなばたの
かざりに なるよ

できあがり

ワンピース ふつう

1 たてよこ はんぶんに おって おり目を つけて もどす

2 $\frac{1}{3}$ てんせんで うしろへ おる

3 $\frac{1}{3}$ てんせんで おって おり目を つけて もどす

4

ポイント

⇩から ふくろを ひらいて つぶす

5 うらがえす

6 てんせんで おる

7 おおきく

8 うらがえす

てんせんで おる

できあがり

なつのおしゃれ

むぎわらぼうし ふつう

●かみの大きさ●

7.5cm

7.5cm

ぼうし

リボン 1/4

リボン 1/4

ぼうし

1 はんぶんに おって
おり目を つけて もどす

2 はんぶんに おる

3 まくように てんせんで おる

4 てんせんで うしろへ おる

5 「ぼうし」の できあがり

リボン・くみたてかた

1 2まいを よこに テープで はって つなぎ、てんせんで おる
②
①

2 「リボン」の できあがり
「ぼうし」を のせる

3 てんせんで おる

4 てんせんで おる

5 てんせんで おる

6 てんせんで おって もう1本の
リボンの うしろを とおす

7 てんせんで
うしろへ おる

できあがり

ブレスレット

むずかしい

●かみの大きさ●

		15cm
ア	¼	
イ	¼	15cm
ウ	¼	

パーツ

1

はんぶんに おって おり目を つけて もどす

2

②
①

てんせんで おる

3

まん中に むけて てんせんで おる

4

てんせんで
まよこに
うしろへ おる

おおきく

5

てんせんで ま上に おる

68

ブレスレット

あそんでみよう！

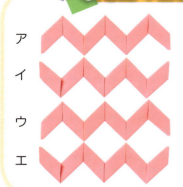

ア
イ
ウ
エ

「パーツ」の かずが
4つ、6つなど
ぐうすうの ばあいは、
ウの パーツを
きらずに つくれます。
ネックレスなど
ながいものも
つくってみよう

くみたてかた

1 ア

イ

ウ ✂

1つは そのまま（ア）、1つは 上下（じょうげ）ぎゃくに
おき（イ）、もう1つは 青い（あお）せんで きる（ウ）

2

ア

イ

ウ

・ずのように ならべて さしこみ、
わっかにする

ポイント

できあがり

6

てんせんで まよこに うしろへ おる

7

てんせんで ま下（した）に おる

8

てんせんで うしろへ おる

9

「パーツ」の できあがり
おなじものを 3つ つくる

かきごおり

スプーン ふつう

4ぶんの1など 小さな かみを
はんぶんに きってから はじめます

できあがり

1 はんぶんに おって
おり目を つけて もどす

2 まん中に むけて
てんせんで おる

3 うらがえす

4 てんせんで
だんおり

5 てんせんで おる

ポイント

6 まん中を へこまして かどを うしろへ おる

ポイント

 かきごおり

かきごおり

はんぶんに きってから
はじめます

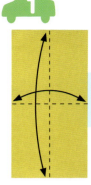

1
たてよこ はんぶんに おって
おり目を つけて もどす

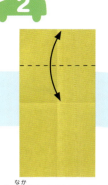

2
まん中に むけて おって
おり目を つけて もどす

3
てんせんで
うしろへ おる

おおきく

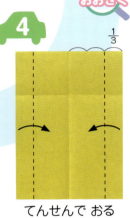

4
てんせんで おる

1/3

5
てんせんで おる

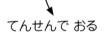

6
てんせんで おる

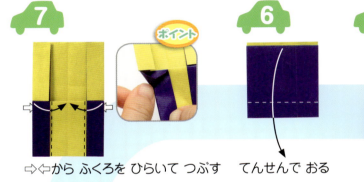

ポイント

7
⇨⇦から ふくろを ひらいて つぶす

8
てんせんで おる

9
てんせんで
おる

10
てんせんで
おる

11
てんせんで おる

12
うらがえす

できあがり

シロップを
かく

かみひこうき

15cm
10cm

おりがみを ながしかく
（10cm×15cmなど）に
きって つくります。
チラシなどを つかって
つくる ことも できます

ジェットき　かんたん

3
てんせんで おる

2
まん中に むけて
てんせんで おる

1
はんぶんに おって
おり目を つけて もどす

4
てんせんで おる

5
てんせんで
うしろへ おる

6
おおきく
てんせんで おる。
うらも おなじ

72

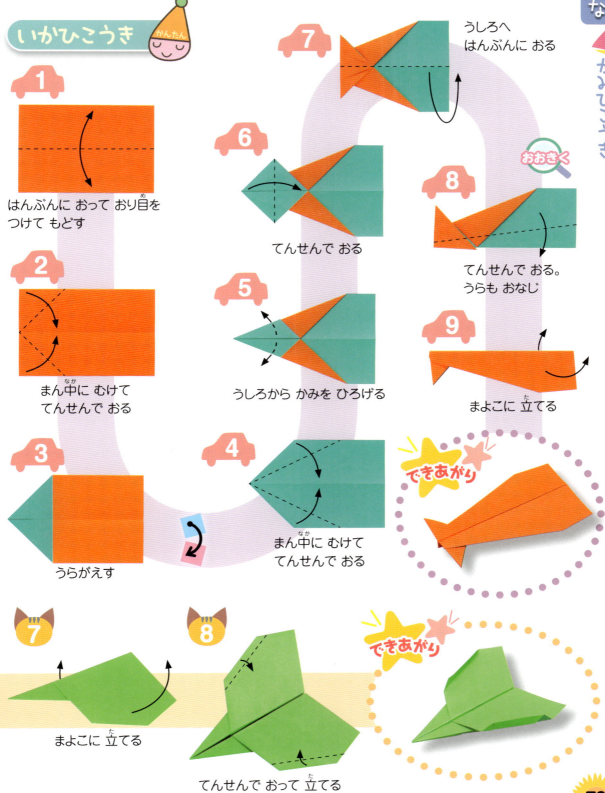

いかひこうき　かんたん

かみひこうき

1

はんぶんに おって おり目を
つけて もどす

2

まん中に むけて
てんせんで おる

3

うらがえす

4

まん中に むけて
てんせんで おる

5

うしろから かみを ひろげる

6

てんせんで おる

7

うしろへ
はんぶんに おる

8　おおきく

てんせんで おる。
うらも おなじ

9

まよこに 立てる

できあがり

7

まよこに 立てる

8

てんせんで おって 立てる

できあがり

すずしいくにのいきもの

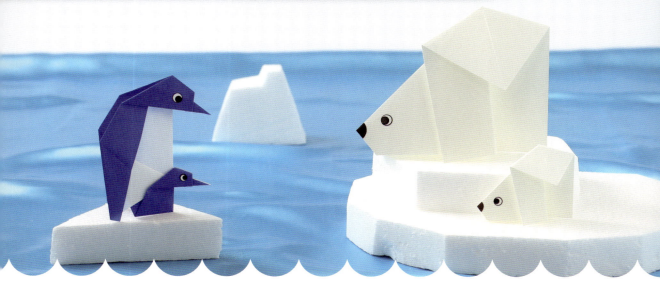

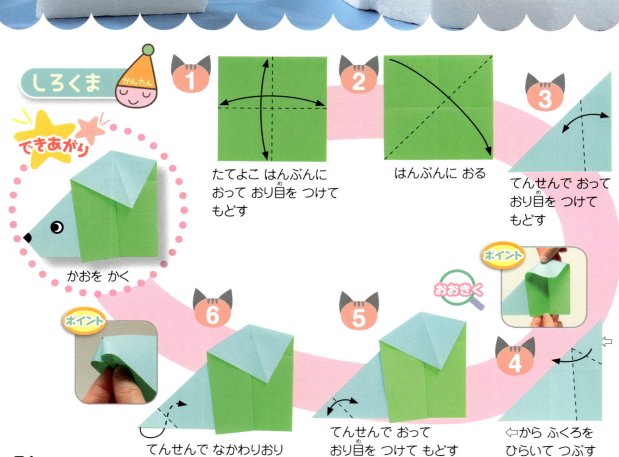

しろくま　かんたん

できあがり

かおを かく

1 たてよこ はんぶんに おって おり目を つけて もどす

2 はんぶんに おる

3 てんせんで おって おり目を つけて もどす

4 ⇦から ふくろを ひらいて つぶす

おおきく　ポイント

5 てんせんで おって おり目を つけて もどす

6 てんせんで なかわりおり

ポイント

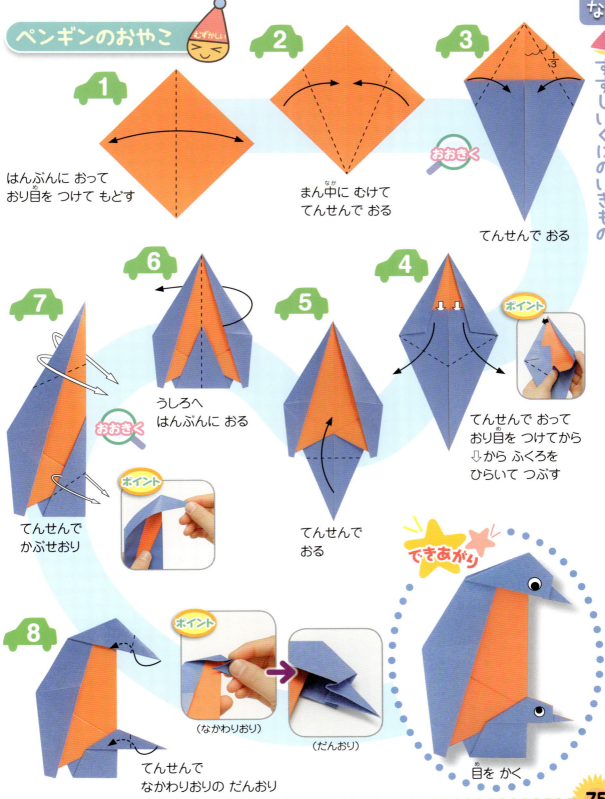

ペンギンのおやこ　むずかしい

すずしいくにのいきもの

1
はんぶんに おって
おり目を つけて もどす

2
まん中に むけて
てんせんで おる

3
おおきく
てんせんで おる

4
ポイント
てんせんで おって
おり目を つけてから
⇩から ふくろを
ひらいて つぶす

5
てんせんで
おる

6
おおきく
うしろへ
はんぶんに おる

7
ポイント
てんせんで
かぶせおり

8
ポイント
（なかわりおり）
（だんおり）
てんせんで
なかわりおりの だんおり

できあがり
目を かく

75

うみのいきもの

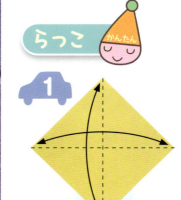

1

たてよこ はんぶんに おって
おり目を つけて もどす

2

まん中に むけて てんせんで
おって おり目を つけて もどす

3

てんせんで おる

4

てんせんで うしろへ おる

おおきく

5

てんせんで おる

6

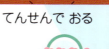

上は てんせんで まえに おり、
左は てんせんで うしろへ おる

できあがり

かおを かく

いるか　むずかしい

1 たてよこ はんぶんに おって おり目を つけて もどす

2 まん中に むけて てんせんで おる

3 まん中に むけて てんせんで おる

4 うちがわの かみを ⇧⇩から ひきだして つぶす

5 てんせんで おる

6 うらがえす

7 まん中に むけて てんせんで おる

8 てんせんで おる

9 てんせんで おる

10 はんぶんに おる

11 てんせんで おって おり目を つけて もどす　⑫〜⑭は ぶぶんず

12 てんせんで かぶせおり　ポイント

13 てんせんで なかわりおり　ポイント

14 青い せんを はさみで きって 上の 1まいを てんせんで おる

できあがり
目を かく

おおきく　ポイント

1

はんぶんに おって
おり目を つけて もどす

2

まん中に むけて
てんせんで おる

3

てんせんで
おる

おおきく

4

てんせんで
うしろへ おる

きりがみ をつくろう！

はなび ❶

もよう

24おり

おりかたは、13ページを 見てね！

ベース

8つおり

赤や青の せんを
はさみで きって ひろげる。
「ベース」を かさねて はり、
「もよう」の うらに のりを
つけて はりあわせる

はなび ❷

もよう

24おり

ベース

8つおり

のり

のり

赤や青の せんを はさみで
きって ひろげる。
ずのように 「ベース」を
かさねてはり、「もよう」の
うらに のりを つけて
はりあわせる

8つおり

できあがり

うちわ

9

てんせんで
うしろへ おる

ポイント

8

↗↘から ふくろを
ひらいて つぶす

7

てんせんで おって
おり目を つけて もどす

6

おおきく

てんせんで おる

5

てんせんで
おる

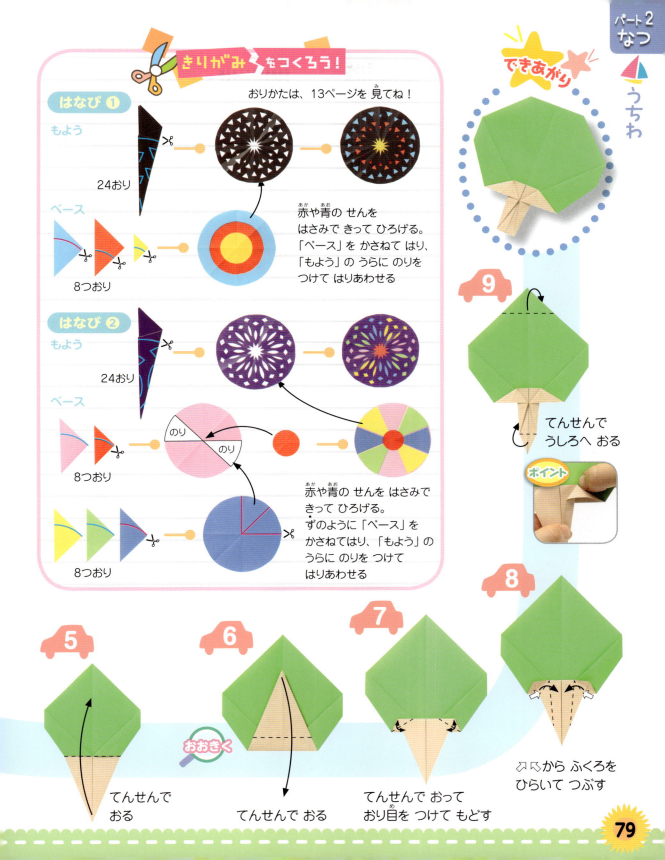

なつのおてんき

1 たてよこ はんぶんに おって おり目を つけて もどす

2 はんぶんに きる

3 てんせんで うしろへ おる $\frac{1}{3}$

4 いろを かえて おなじものを 6つ つくる

5 のり のりを つけ、5ミリくらいずつ ずらして はりあわせる

6 青い せんを はさみで きる

できあがり

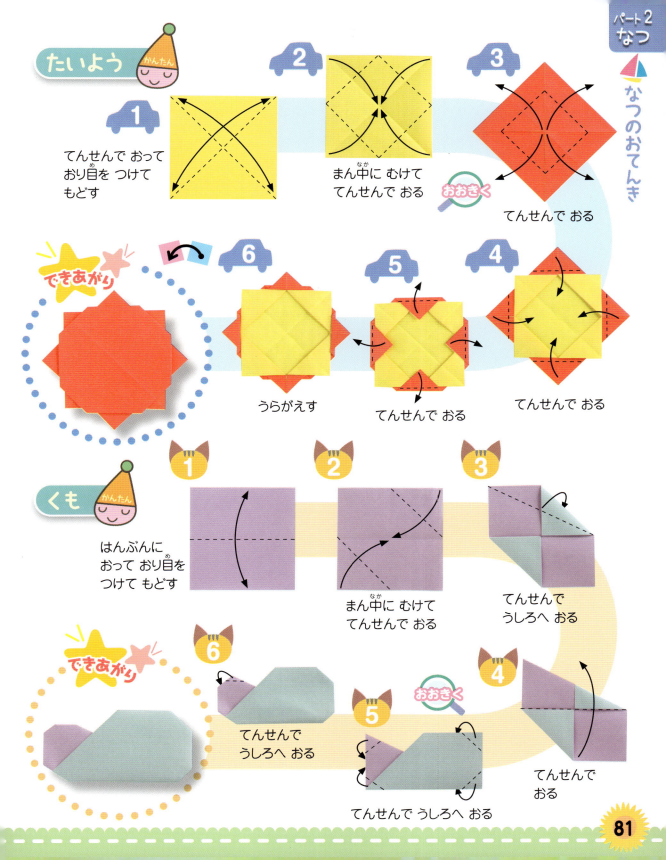

たいよう かんたん

1
てんせんで おって
おり目を つけて
もどす

2
まん中に むけて
てんせんで おる

3
おおきく
てんせんで おる

4
てんせんで おる

5
てんせんで おる

6
うらがえす

できあがり

くも かんたん

1
はんぶんに
おって おり目を
つけて もどす

2
まん中に むけて
てんせんで おる

3
てんせんで
うしろへ おる

4
てんせんで
おる

5
てんせんで うしろへ おる

おおきく

6
てんせんで
うしろへ おる

できあがり

ひまわり

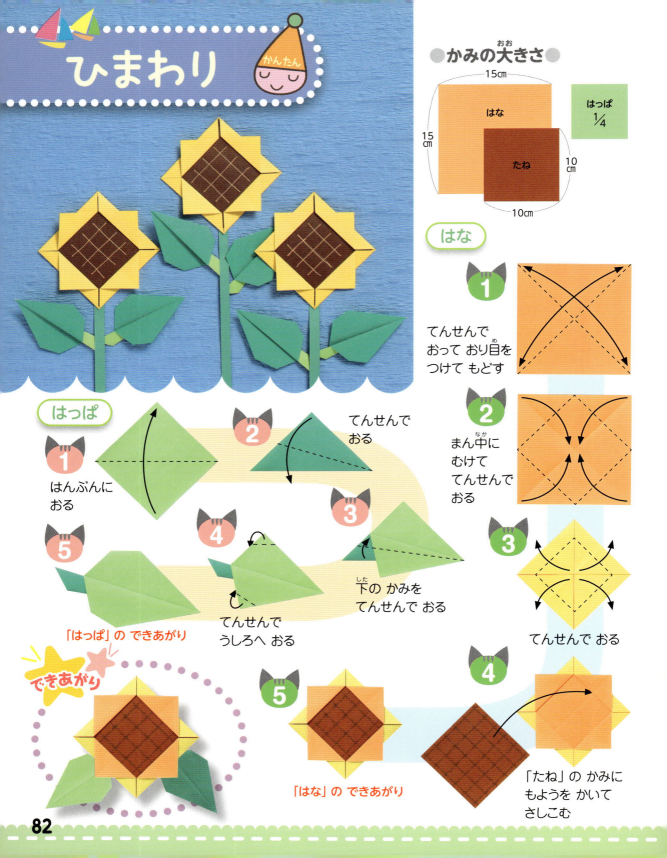

●かみの大きさ●

はな（15㎝×15㎝）	はっぱ 1/4
たね（10㎝×10㎝）	

はな

1 てんせんで おって おり目を つけて もどす

2 まん中に むけて てんせんで おる

3 てんせんで おる

4 「たね」の かみに もようを かいて さしこむ

5 「はな」の できあがり

はっぱ

1 はんぶんに おる

2 てんせんで おる

3 下の かみを てんせんで おる

4 てんせんで うしろへ おる

5 「はっぱ」の できあがり

できあがり

パート3

あきの
おりがみ

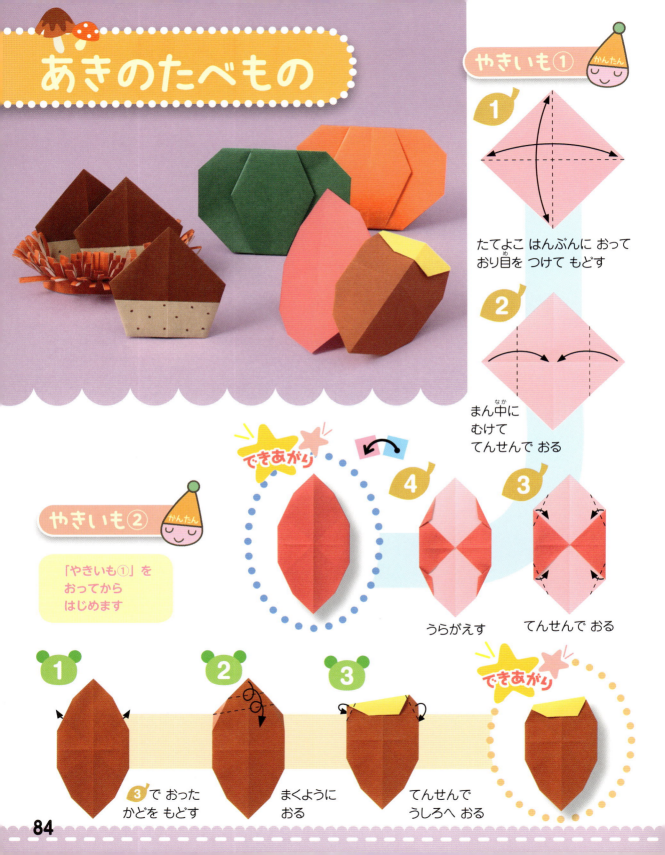

やきいも①　かんたん

1 たてよこ はんぶんに おって おり目を つけて もどす

2 まん中に むけて てんせんで おる

3 てんせんで おる

4 うらがえす

できあがり

やきいも②　かんたん

「やきいも①」を おってから はじめます

1 ③で おった かどを もどす

2 まくように おる

3 てんせんで うしろへ おる

できあがり

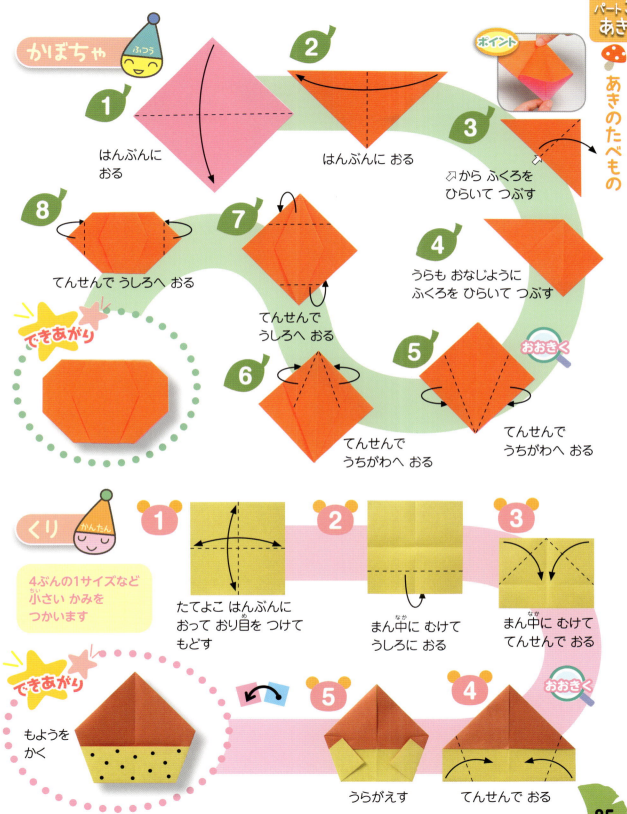

あきのたべもの

かぼちゃ　ふつう

1 はんぶんに おる

2 はんぶんに おる

ポイント

3 ↗から ふくろを ひらいて つぶす

4 うらも おなじように ふくろを ひらいて つぶす

5 てんせんで うちがわへ おる　おおきく

6 てんせんで うちがわへ おる

7 てんせんで うしろへ おる

8 てんせんで うしろへ おる

できあがり

くり　かんたん

4ぶんの1サイズなど 小さい かみを つかいます

1 たてよこ はんぶんに おって おり目を つけて もどす

2 まん中に むけて うしろに おる

3 まん中に むけて てんせんで おる

4 てんせんで おる　おおきく

5 うらがえす

できあがり

もようを かく

たぬきとつき

たぬき　むずかしい

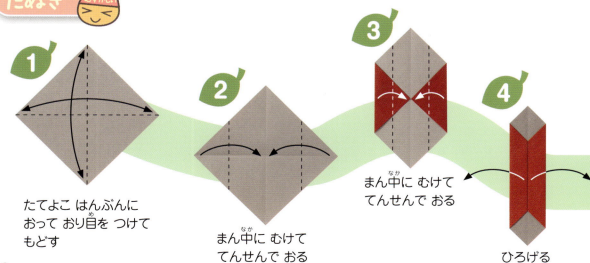

1

たてよこ はんぶんに
おって おり目を つけて
もどす

2

まん中に むけて
てんせんで おる

3

まん中に むけて
てんせんで おる

4

ひろげる

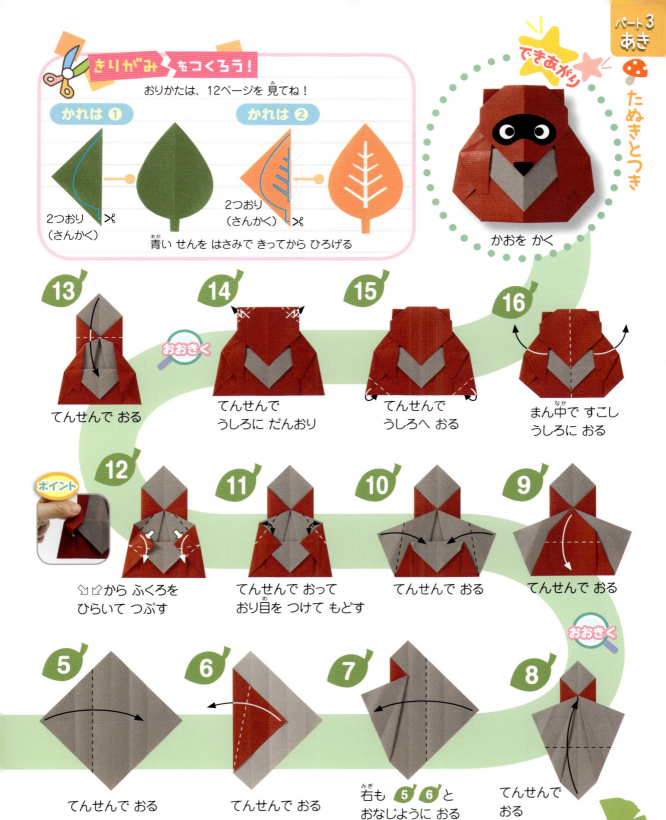

きりがみ をつくろう！

おりかたは、12ページを 見てね！

かれは ①

2つおり
（さんかく）

かれは ②

2つおり
（さんかく）

青い せんを はさみで きってから ひろげる

できあがり

たぬきとつき

かおを かく

13 てんせんで おる

おおきく

14 てんせんで
うしろに だんおり

15 てんせんで
うしろへ おる

16 まん中で すこし
うしろに おる

ポイント

12 ⤵⤴から ふくろを
ひらいて つぶす

11 てんせんで おって
おり目を つけて もどす

10 てんせんで おる

9 てんせんで おる

5 てんせんで おる

6 てんせんで おる

7 右も **5** **6** と
おなじように おる

おおきく

8 てんせんで
おる

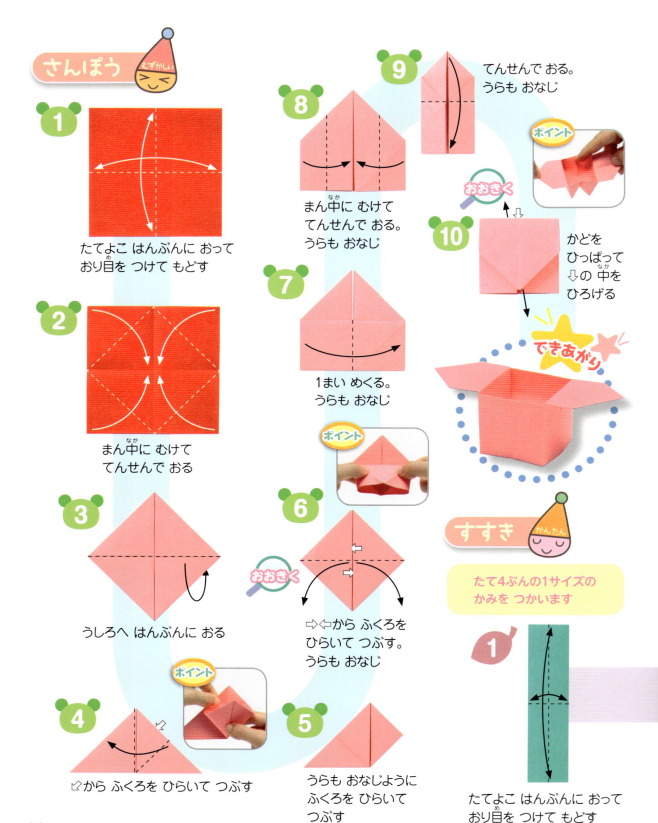

さんぽう

1 たてよこ はんぶんに おって おり目を つけて もどす

2 まん中に むけて てんせんで おる

3 うしろへ はんぶんに おる

4 ⤵から ふくろを ひらいて つぶす

5 うらも おなじように ふくろを ひらいて つぶす

6 ⇨⇦から ふくろを ひらいて つぶす。 うらも おなじ

7 1まい めくる。 うらも おなじ

8 まん中に むけて てんせんで おる。 うらも おなじ

9 てんせんで おる。 うらも おなじ

10 かどを ひっぱって ⇩の 中を ひろげる

おおきく

ポイント

おおきく

ポイント

ポイント

できあがり

すすき

たて4ぶんの1サイズの かみを つかいます

1 たてよこ はんぶんに おって おり目を つけて もどす

たぬきとつき

おつきさま かんたん

1

たてよこ はんぶんに おって
おり目を つけて もどす

2

$\frac{1}{4}$

てんせんで おる

3

まん中に むけて
てんせんで おる

4

てんせんで
おる

5

てんせんで
おる

6

てんせんで
おる

7

うらがえす

できあがり

かおを
かく

2

まん中に むけて
てんせんで おる

3 おおきく

てんせんで
おる

4

はんぶんに
おる

5

てんせんで
おる

6

てんせんで
うしろへ おる

できあがり

3

ポイント

♂から ふくろを ひらいて つぶす

2

はんぶんに おる

1

おおきく

はんぶんに おる

4

うらも おなじように
ふくろを ひらいて つぶす

5

おおきく

まん中に むけて てんせんで
おって おり目を つけて もどす

6

ポイント

⇧から ふくろを
ひらいて つぶす。
うらも おなじように
ふくろを ひらいて つぶす

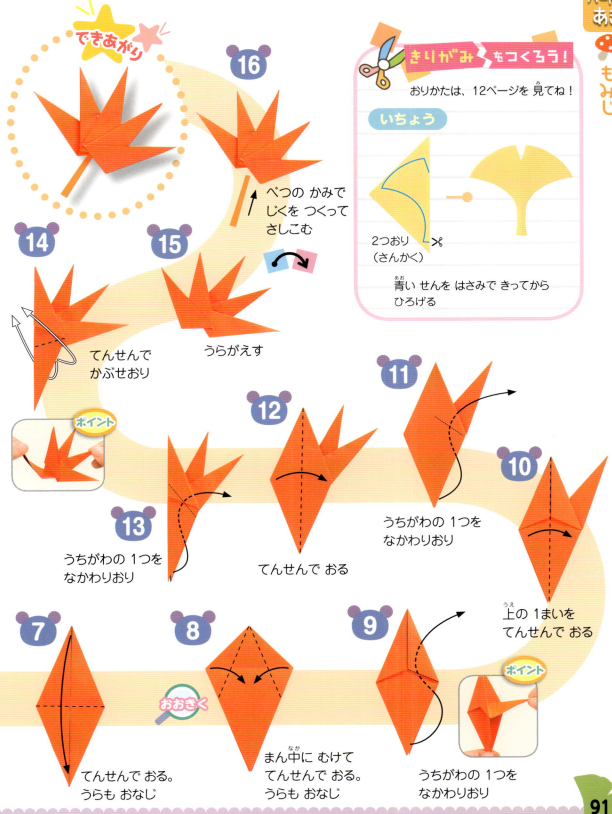

できあがり

16

べつの かみで
じくを つくって
さしこむ

14

15

てんせんで
かぶせおり

うらがえす

ポイント

12

11

13

うちがわの 1つを
なかわりおり

てんせんで おる

うちがわの 1つを
なかわりおり

10

上の 1まいを
てんせんで おる

7

8

9

てんせんで おる。
うらも おなじ

おおきく

まん中に むけて
てんせんで おる。
うらも おなじ

うちがわの 1つを
なかわりおり

ポイント

きりがみ をつくろう!

おりかたは、12ページを 見てね!

いちょう

2つおり
（さんかく）

青い せんを はさみで きってから
ひろげる

さんま

➡「もみじ」の つくりかたは 90ページ

さら

1 はんぶんに おって
おり目を つけて
もどす

2 まん中に むけて
てんせんで おって
おり目を つけて
もどす

3 てんせんで おって
おり目を つけて もどす

4 てんせんで おる

5 おおきく てんせんで
おる

6 てんせんで
だんおり

7 ポイント
てんせんで だんおり

8 うらがえす

できあがり

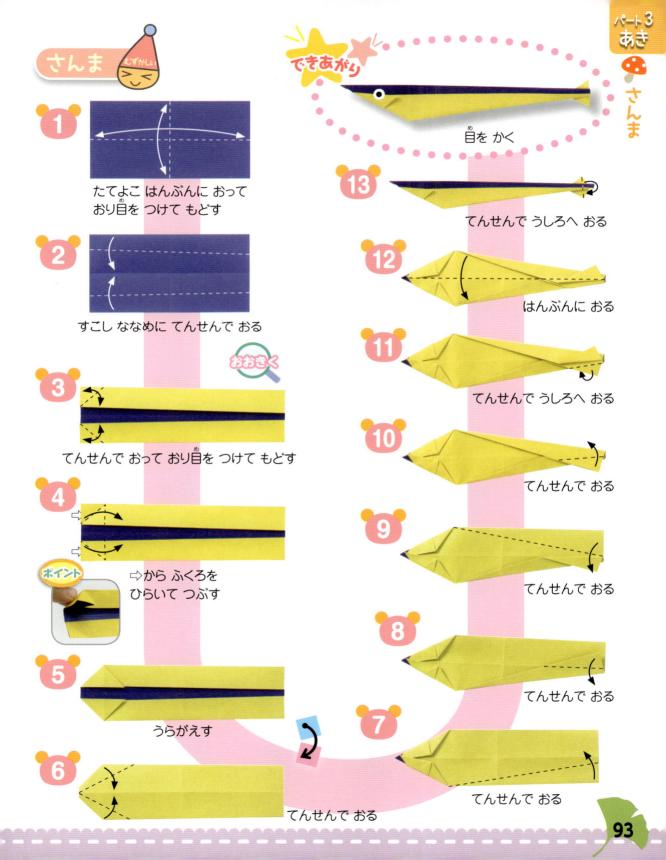

さんま　むずかしい

できあがり

目を かく

1 たてよこ はんぶんに おって
おり目を つけて もどす

2 すこし ななめに てんせんで おる

おおきく

3 てんせんで おって おり目を つけて もどす

4 ⇨から ふくろを
ひらいて つぶす

ポイント

5 うらがえす

6 てんせんで おる

7 てんせんで おる

8 てんせんで おる

9 てんせんで おる

10 てんせんで おる

11 てんせんで うしろへ おる

12 はんぶんに おる

13 てんせんで うしろへ おる

さんま

93

あかとんぼ

むずかしい

3 ↗から ふくろを ひらいて つぶす

2 はんぶんに おる

おおきく

1 はんぶんに おる

ポイント

4 うらも おなじように ふくろを ひらいて つぶす

5 まん中に むけて てんせんで おって おり目を つけて もどす

おおきく

6 ⇧から ふくろを ひらいて つぶす

ポイント

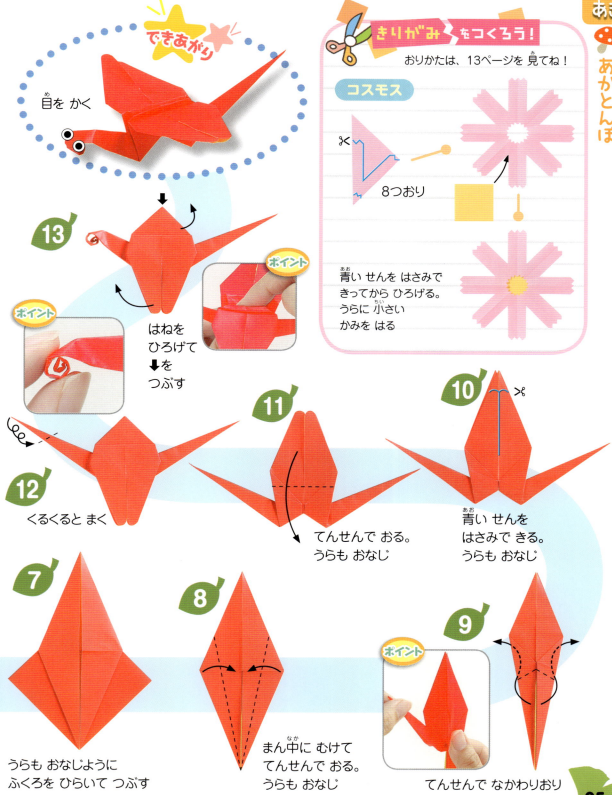

できあがり

目を かく

きりがみ をつくろう！

おりかたは、13ページを 見てね！

コスモス

8つおり

青い せんを はさみで
きってから ひろげる。
うらに 小さい
かみを はる

13

はねを
ひろげて
↓を
つぶす

ポイント

ポイント

12 くるくると まく

11 てんせんで おる。
うらも おなじ

10 青い せんを
はさみで きる。
うらも おなじ

7 うらも おなじように
ふくろを ひらいて つぶす

8 まん中に むけて
てんせんで おる。
うらも おなじ

9 てんせんで なかわりおり

ポイント

ハロウィンガーランド

こうもり ふつう

1 はんぶんに おって おり目を つけて もどす

2 はんぶんに おる

3 てんせんで おる

4 おおきく まん中に むけて てんせんで おる

5 てんせんで おる

6 うらがえす

7 てんせんで おる

8 まん中で すこし うしろに おる

できあがり 目を かく

ハロウィンガーランド

おばけ ふつう

1 はんぶんに おって
おり目を つけて もどす

2 まん中に むけて
てんせんで おる

3 まん中に むけて
てんせんで おる

4 おおきく
ポイント
⇨⇦から ふくろを
ひらいて つぶす

5 てんせんで
うしろへ おる

6 てんせんで
おる

7 てんせんで
うしろへ おる

8 てんせんで
うしろへ おる

9 おおきく
てんせんで
うしろへ おる

できあがり
かおを かく

まじょのぼうし かんたん

「おばけ」や
「かぼちゃ」に
のせる ばあいは
4ぶんの1サイズで
つくります

1 はんぶんに おって
おり目を つけて もどす

2 まん中に むけて
てんせんで おって
おり目を つけて もどす

3 てんせんで おる

4 おおきく
まん中に むけて
てんせんで おる

5 うらがえす

6 まくように おる

できあがり

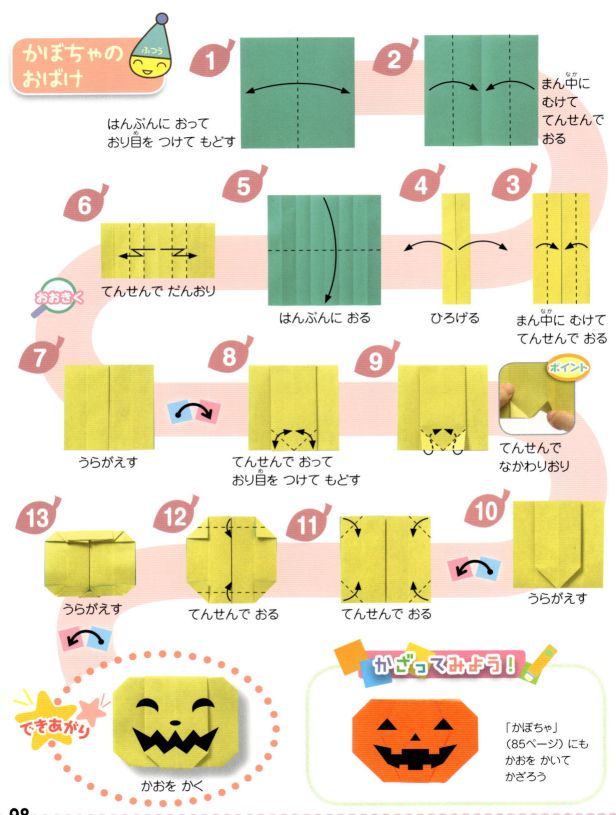

かぼちゃの おばけ

1 はんぶんに おって おり目を つけて もどす

2 まん中に むけて てんせんで おる

3 まん中に むけて てんせんで おる

4 ひろげる

5 はんぶんに おる

6 てんせんで だんおり

おおきく

7 うらがえす

8 てんせんで おって おり目を つけて もどす

9 てんせんで なかわりおり

ポイント

10 うらがえす

11 てんせんで おる

12 てんせんで おる

13 うらがえす

できあがり

かおを かく

かざってみよう！

「かぼちゃ」（85ページ）にも かおを かいて かざろう

ゆうれいやしき 　ふつう

はんぶんに きった かみを 2まい つかいます

 ハロウィンガーランド

パーツ①

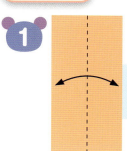 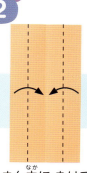   

1 はんぶんに おって おり目を つけて もどす

2 まん中に むけて てんせんで おる

3 てんせんで おる

4 てんせんで おる

5 うらがえす

6 「パーツ①」の できあがり まどを かく

パーツ②

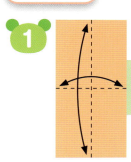 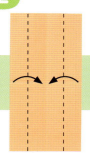   

1 たてよこ はんぶんに おって おり目を つけて もどす

2 まん中に むけて てんせんで おる

3 てんせんで おって おり目を つけて もどす

4 ⇨⇦から ふくろを ひらいて つぶす

ポイント

5 てんせんで おる

6 てんせんで うしろへ おる

できあがり

くみたてかた

のり

「パーツ①」に のりを つけて 「パーツ②」を はる

7 「パーツ②」の できあがり まどを かく

おべんとうばこ ふつう

パーツ　おりがみを 4まい つかいます

2　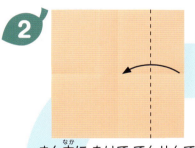

まん中に むけて てんせんで おる

1

たてよこ はんぶんに おって おり目を つけて もどす

3　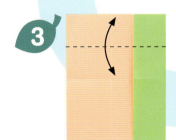

まん中に むけて てんせんで おって おり目を つけて もどす

4　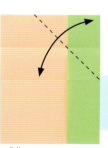

まん中に むけて てんせんで おって おり目を つけて もどす

5　

ポイント

⇨から ふくろを ひらいて くみたてる

くみたてかた

1

エは やじるしの
ところを ひらく

ずのように のりを つけて
エに アイウを のせて
はりあわせる

ア

のり

イ

ウ

のり

のりを つけて
さしこみ アイウを
はりあわせる

2

エ

のり

のり

のり

アイウ

エ

4

ふたを つくる ばあいは
いれものの ほうを 5ミリくらい
小さな かみで つくる

3

のり

てんせんで おる

できあがり

おべんとうの なかみ
（102〜103ページ）を
入れる

6

おおきく

てんせんで おる

7

「パーツ」の できあがり
おなじものを 4つ つくる

きりがみ をつくろう！

おりかたは、12ページを 見てね！

バラン

8つおり
（じゃばら）

赤い せんを はさみで きってから ひろげる

おべんとうの なかみは、4ぶんの1サイズの かみを つかいます

おにぎり かんたん

1 たてよこ はんぶんに おって おり目を つけて もどす

2 まん中に むけて てんせんで おる

3 てんせんで おる

4 てんせんで うしろへ おる おおきく

5 てんせんで うしろへ おる

できあがり

フライドチキン ふつう

1 たてよこ はんぶんに おって おり目を つけて もどす

2 まん中に むけて てんせんで おる

3 てんせんで だんおり

$\frac{1}{4}$

4 はんぶんに おる

5 ポイント ⇦から ふくろを ひらいて つぶす おおきく

6 ポイント ⇦から ふくろを ひらいて つぶす

7 てんせんで おる

8 うらがえす

できあがり
もようを かく

おべんとう

たこさんウインナー ふつう

できあがり

1 たてよこ はんぶんに おって おり目を つけて もどす

2 まん中に むけて てんせんで おる

3 まん中に むけて てんせんで おる

4 ひろげる

5 ポイント
青い せんを はさみで きってから わっかにして テープで はる

6 えんぴつなどで くるくると まく

ブロッコリー ふつう

1 はんぶんに おる

2 おおきく
はんぶんに おる

3 ポイント
↑から ふくろを ひらいて つぶす

4 うらも おなじように ふくろを ひらいて つぶす

5 おおきく
まん中に むけて てんせんで おる。 うらも おなじ

6 ポイント
↓から ふくろを ひらいて つぶす

7 くしゃくしゃと うしろに おる

ポイント

できあがり

おんがくのあき

がくふ ふつう

●かみの大きさ●

15cm / 15cm

・カバー
・ほんたい

中のページ

1/4

白い おりがみ 2〜3まいを
4ぶんの 1サイズに きっておく

カバー

1 たてよこ はんぶんに おって おり目を つけて もどす

2 まん中に むけて てんせんで おる

3 おおきく
上の 1まいを てんせんで おる

4 はんぶんに おる

5 「カバー」の できあがり

ほんたい・くみたてかた

1 たてよこ はんぶんに
おって おり目を
つけて もどす

2 まん中に むけて
てんせんで おって
おり目を つけて もどす

3 てんせんで おる

4 うしろへ
はんぶんに おる

おおきく

⇩⇧から ふくろを ひらいて つぶす

5 ポイント

6 てんせんで
うしろへ おる

7 てんせんで おる

8 「中のページ」の
かみを さしこむ

9 右がわを とじる

ポイント

10 「カバー」を ひらき、
「ほんたい」を さしこむ

できあがり

かざってみよう！

メモを かいたり、かぞくへの
メッセージを かいたりしよう

4ぶんの1サイズの かみを 2まい つかいます

1 はんぶんに おって おり目を つけて もどす

2 まん中に むけて てんせんで おる

3 はんぶんに おる

4 てんせんで おって おり目を つけて もどす 3cm 4cm

5 ⇨から ふくろを ひらいて つぶす

ポイント

10 のり ⑦で きった かみに のりを つけて さしこむ

9 のり のりを つけて さしこむ

8 1つは てんせんで おって おり目を つけて もどす。もう1つは たかさを そろえて きる（きったほうも とっておく）

ポイント おり目を つけたほうを てんせんで かぶせおり

7

6 てんせんで うしろへ おる。おなじものを 2つ つくる

★できあがり★

おんぷ② ふつう

「おんぷ①」の **6** まで おってから はじめます

1 5cm てんせんで おって おり目を つけて もどす

2 てんせんで かぶせおり

3 てんせんで おって おり目を つけて もどす

106

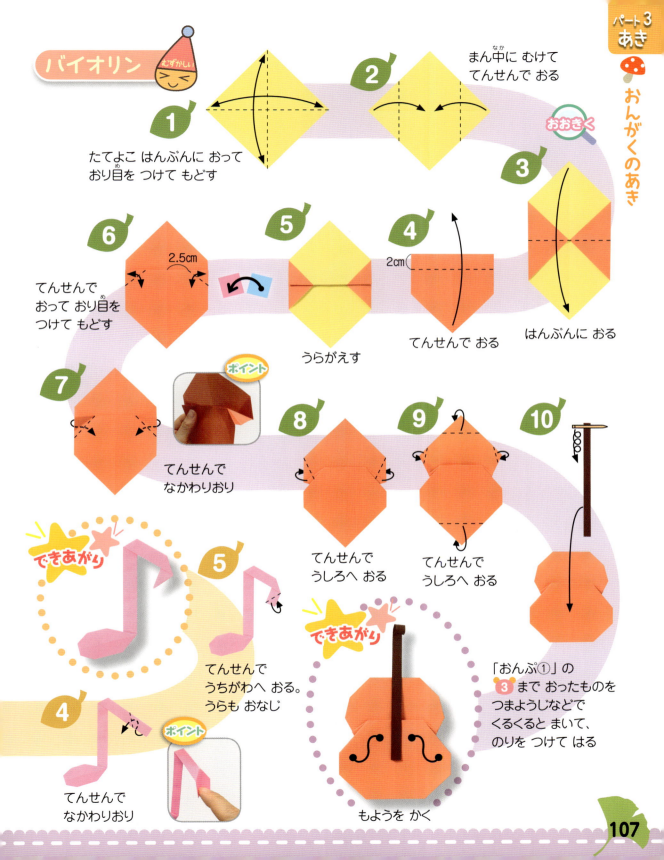

バイオリン

1 たてよこ はんぶんに おって おり目を つけて もどす

2 まん中に むけて てんせんで おる

おおきく

3 はんぶんに おる

4 てんせんで おる　2cm

5 うらがえす

6 てんせんで おって おり目を つけて もどす　2.5cm

7 てんせんで なかわりおり

ポイント

8 てんせんで うしろへ おる

9 てんせんで うしろへ おる

10

「おんぷ①」の **3** まで おったものを つまようじなどで くるくると まいて、 のりを つけて はる

できあがり

5 てんせんで うちがわへ おる。 うらも おなじ

4 てんせんで なかわりおり

ポイント

できあがり

もようを かく

七五三
しち ご さん

●かみの大きさ●
おお

15cm
きもの（うえ）

15cm（縦）

きもの（した）¼	おび ¼

おんなのこのかお ¼

できあがり

おんなのこのかお
かんたん

1
たてよこ はんぶんに おって おり目を つけて めもどす

2
まん中に むけて てんせんで おる
なか

3
てんせんで おる

4
まん中に むけて てんせんで うしろへ おる
なか

5
おおきく

てんせんで うしろへ おる

⅓

6
てんせんで うしろへ おる

かおを かく

「きもの」に 「おんなのこのかお」を はる

七五三

きもの　ふつう　うえ

1 てんせんで　おる
$\frac{1}{3}$

2 てんせんで　おる
$\frac{1}{3}$

3 てんせんで　うちがわへ　おる
$\frac{1}{3}$

4 右も　**1**〜**3**と　おなじように　おる

5 うしろへ　はんぶんに　おる

6 てんせんで　うしろへ　おる　おおきく

7 てんせんで　うしろへ　おる

8 「うえ」の　できあがり

くみたてかた

1 「おび」を　きものの　はばに　おって　さしこむ

2 「した」に　のりを　つけて　はる　のり

できあがり

おび

1 はんぶんに　おって　おり目を　つけて　もどす

2 まん中に　むけて　てんせんで　おる

3 うらがえす

4 「おび」の　できあがり

した

1 はんぶんに　おる

2 てんせんで　おる
$\frac{1}{3}$

3 うらがえす

4 「した」の　できあがり

はおり・はかま

●かみの大きさ●

15cm
はおり ½

はかま ¼

はかま

1 たてよこ はんぶんに おって おり目を つけて もどす

2 まん中に むけて てんせんで おる

3 まん中に むけて てんせんで おる

4 まん中に むけて てんせんで おる

5 **3** の かたちまで ひろげる

6 てんせんで だんおり

7 うらがえす

8 「はかま」の できあがり

はおり・くみたてかた

1 はんぶんに おって おり目を つけて もどす

2 まん中に むけて てんせんで おる

3 てんせんで おって おり目を つけて もどす　おおきく　⅓

4 てんせんで だんおり

5 上の 1まいを てんせんで だんおり

6 てんせんで うしろへ おる

7 「はおり」の できあがり 「はかま」を さしこむ

できあがり

4ぶんの1サイズで つくった 「おとこのこのかお」 （36ページ）を はる

七五三

じんじゃ ふつう

1 たてよこ はんぶんに おって おり目を つけて もどす

2 まん中に むけて てんせんで おる

3 まん中に むけて てんせんで おって おり目を つけて もどす

4

5 てんせんで おる

ポイント
⇨⇦から ふくろを ひらいて つぶす

6 てんせんで うしろへ おって おり目を つけて もどす

7 てんせんで うしろへ おって おり目を つけて もどす

8 てんせんで だんおりして ひろげる

できあがり

ちとせあめ ふつう

かみの大きさ

7.5 cm

ほんたい 1/2

もちて 1/4

1 はんぶんに おって おり目を つけて もどす

2 てんせんで おる

3 うらがえす

4 1/3

5 のり のりを つけて てんせんで おる

「もちて」の かみを ずのように おって はる

6 のり うらがえす

できあがり

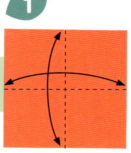

1

たてよこ はんぶんに
おって おり目を
つけて もどす

りす むずかしい

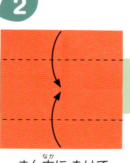

2

まん中に むけて
てんせんで おる

3 おおきく

まん中に むけて てんせんで
おって おり目を つけて もどす

4

まん中に むけて てんせんで
おる

ポイント

5

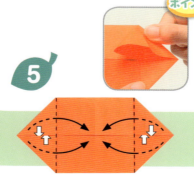

⇩⇧から ふくろを ひらいて つぶす

6

てんせんで うしろへ おる

どんぐり かんたん

「りす」と いっしょに
かざるばあいは、
4×4cmなど 小さな
かみを つかいます

1 たてよこ
はんぶんに
おって おり目を
つけて もどす

2 まん中に
むけて
てんせんで
おる

3 まん中に むけて
てんせんで おる

てんせんで
うしろへ おる

4 てんせんで
うしろへ おる

5 てんせんで
うしろへ おる

おおきく

できあがり もようを かく

できあがり 目と もようを かく

12 てんせんで
なかわりおり

11 てんせんで
かぶせおり

ポイント

13 てんせんで
うちがわへ おる。
うらも おなじ

10 むきを かえる

9

おおきく

ポイント

てんせんで
なかわりおり
（足は ひっくりかえる）

7 てんせんで おる

8 うしろへ はんぶんに おる

113

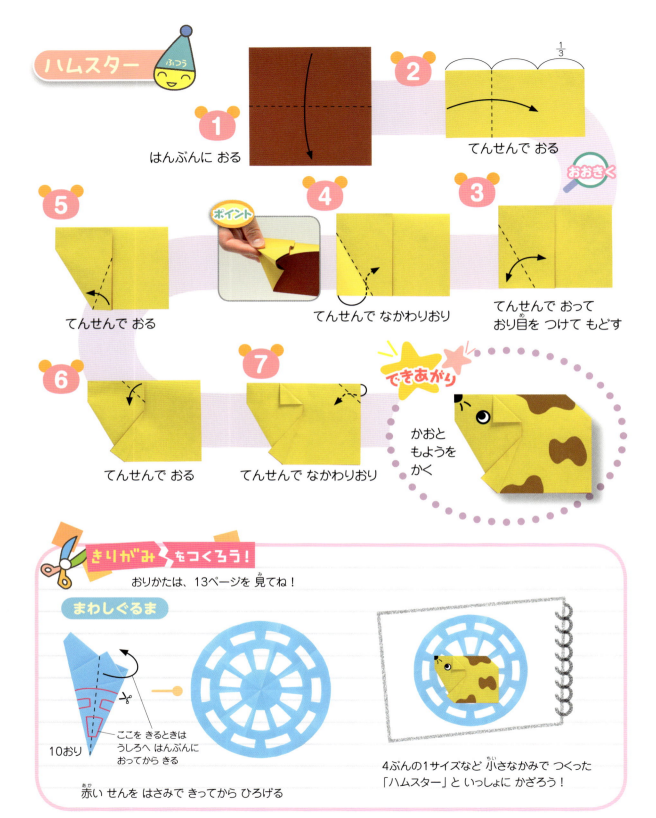

ハムスター ふつう

1 はんぶんに おる

2 てんせんで おる
$\frac{1}{3}$

おおきく

3 てんせんで おって
おり目を つけて もどす

4 てんせんで なかわりおり

ポイント

5 てんせんで おる

6 てんせんで おる

7 てんせんで なかわりおり

できあがり

かおと
もようを
かく

きりがみを つくろう！

おりかたは、13ページを 見てね！

まわしぐるま

10おり

ここを きるときは
うしろへ はんぶんに
おってから きる

赤い せんを はさみで きってから ひろげる

4ぶんの1サイズなど 小さな かみで つくった
「ハムスター」と いっしょに かざろう！

パート4

ふゆの
おりがみ

サンタさん

1 はんぶんに おって
おり目を つけて もどす

2 てんせんで おる
2cm
4cm

3 うらがえす

4 てんせんで 3ぶんの1の
かくどに おる
①　②
$\frac{1}{3}$

おおきく

5 てんせんで
おる

6 てんせんで
おる

7 まん中に むけて
てんせんで おる

8 はんぶんに
おって かどを
さしこみ、
うらがえす

ポイント

となかい むずかしい

サンタさん

1
はんぶんに おって
おり目を つけて もどす

2
まん中に むけて
てんせんで おる

3 おおきく
てんせんで おる

4
てんせんで
おる

5
てんせんで
だんおり

6
はんぶんに おる

7 おおきく
てんせんで
おって おり目を
つけて もどす

8
てんせんで
かぶせおり

9
てんせんで
おって おり目を
つけて もどす

ポイント

10
てんせんで
なかわりおり

ポイント

11
つのを なかわりおり。
足は てんせんで おる。
うらも おなじ

9
てんせんで
おる

できあがり

かおを かく

できあがり

目を
かく

そり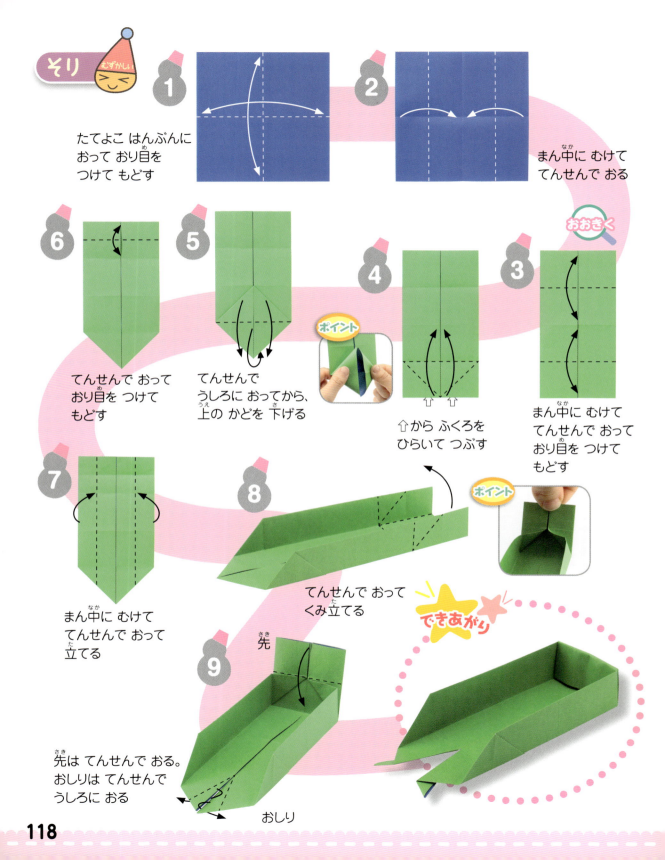

1 たてよこ はんぶんに おって おり目を つけて もどす

2 まん中に むけて てんせんで おる

3 まん中に むけて てんせんで おって おり目を つけて もどす

おおきく

4 ⇧から ふくろを ひらいて つぶす

ポイント

5 てんせんで うしろに おってから、上の かどを 下げる

6 てんせんで おって おり目を つけて もどす

7 まん中に むけて てんせんで おって 立てる

ポイント

8 てんせんで おって くみ立てる

9 先は てんせんで おる。おしりは てんせんで うしろに おる

先

おしり

できあがり

118

クリスマス②
クリスマスリース

おりがみ 6まい（みどり3まい、赤3まい）を ようします

リース　　パーツ

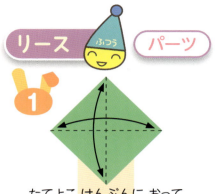

1 たてよこ はんぶんに おっており目を つけて もどす

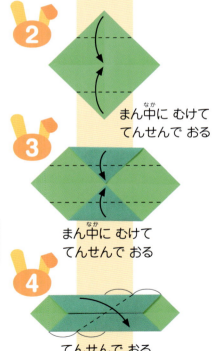

2 まん中に むけててんせんで おる

3 まん中に むけててんせんで おる

4 てんせんで おる

5 「パーツ」のできあがり

くみたてかた

1 みどりを 3つ赤を 3つつくる

2 のりを つけて・ずのようにさしこむ

ポイント
うらから見たところ

3 のこりも さしこんでわっかにする

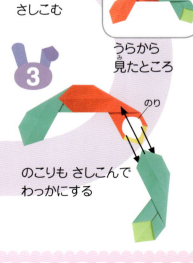

できあがり

すきな かざり（120〜121ページ）を はる

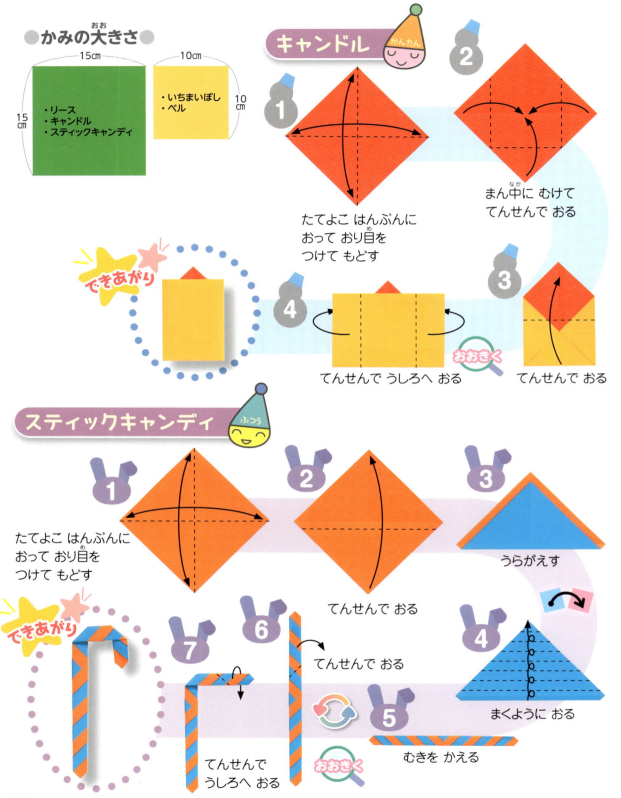

● かみの大きさ ●

15cm

・リース
・キャンドル
・スティックキャンディ

15cm

10cm

・いちまいぼし
・ベル

10cm

キャンドル かんたん

1 たてよこ はんぶんに おって おり目を つけて もどす

2 まん中に むけて てんせんで おる

3 てんせんで おる

4 てんせんで うしろへ おる

できあがり

スティックキャンディ ふつう

1 たてよこ はんぶんに おって おり目を つけて もどす

2 てんせんで おる

3 うらがえす

4 まくように おる

5 むきを かえる

6 てんせんで おる

7 てんせんで うしろへ おる

できあがり

クリスマスリース

いちまいぼし　むずかしい

1
たてよこ はんぶんに おって
おり目を つけてから うらがえす

2
てんせんで おって
おり目を つけて もどす

3
おり目を つかって たたむ

4　おおきく
まん中に むけて
てんせんで おって
おり目を つけて もどす。
うらも おなじ

ポイント

5
てんせんで だんおり。
うらも おなじ

6
ポイント
かどを おり下げて
まん中を つぶす

7
うらがえす

できあがり

ベル　かんたん

1
はんぶんに
おって おり目を
つけて もどす

2
まん中に むけて
てんせんで おる

3　おおきく
てんせんで おる

4
てんせんで
おる

5
てんせんで おる

6
うらがえす

できあがり

ハートのゆびわ

おりがみを はんぶんに
きってから はじめます。
お子さんようには、
12×6cmの かみを
つかいます

2

てんせんで うしろへ おる

1
たてよこ はんぶんに おって
おり目を つけて もどす

3
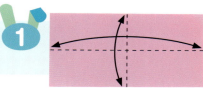
まん中に むけて てんせんで おる

ポイント

4
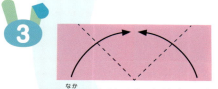

おおきく

てんせんで おって
おり目を つけて もどす

5

⇨⇦から ふくろを
ひらいて つぶす

あそんでみよう！

すきないろで つくって
ゆびに はめてみよう！

「しきりばこ」（133ページ）に
入れて かざっても すてきです

できあがり

ハートのゆびわ

14

わっかにして
先を さしこむ

ポイント

12

てんせんで おる

13

てんせんで おる

11

おおきく

てんせんで おる

10

てんせんで おって さしこむ

9

てんせんで おる

6

まん中に むけて てんせんで おる

7

てんせんで おる

8

うらがえす

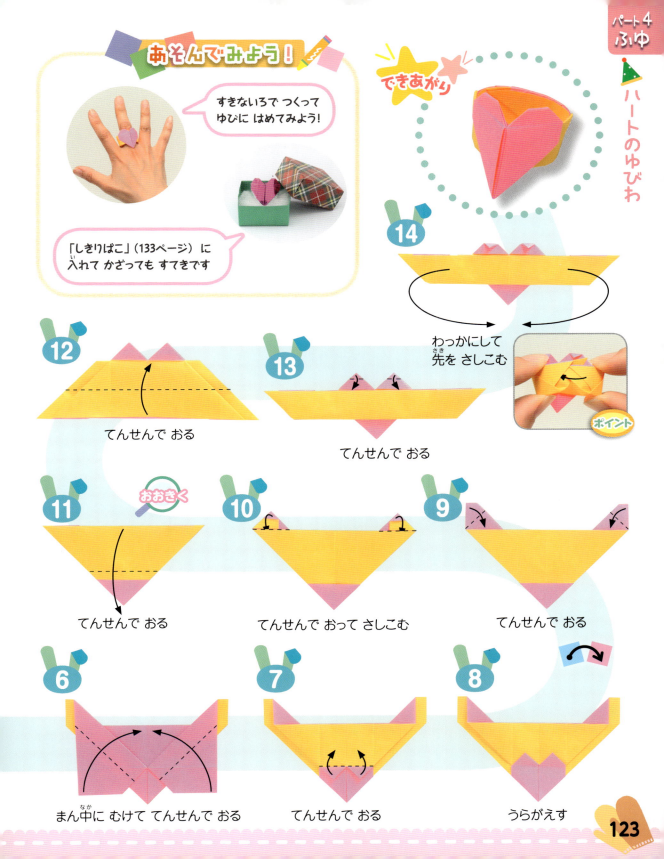

リボン

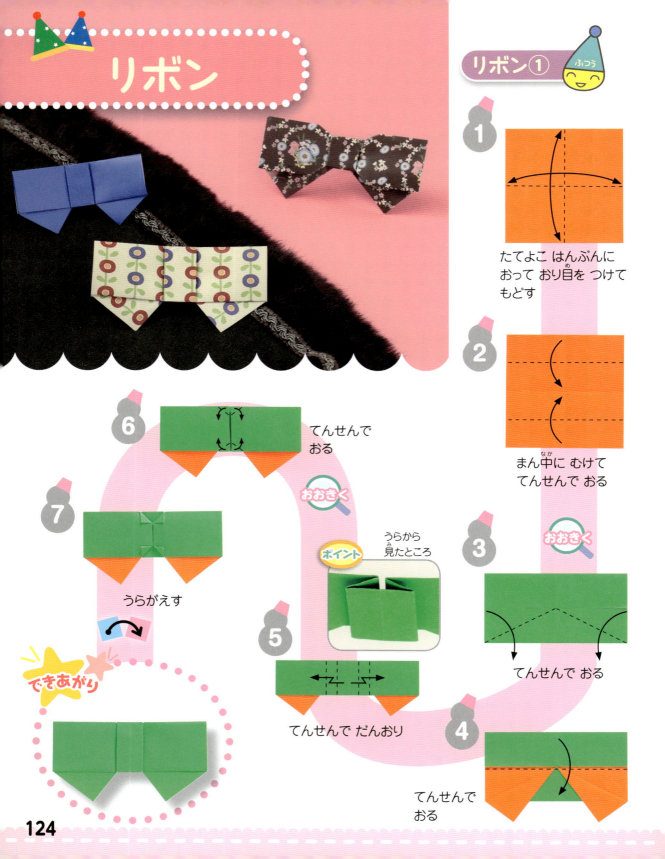

1
たてよこ はんぶんに
おって おり目を つけて
もどす

2
まん中に むけて
てんせんで おる

3 おおきく
てんせんで おる

4
てんせんで
おる

5
てんせんで だんおり

ポイント うらから 見たところ

6 てんせんで おる

おおきく

7
うらがえす

できあがり

124

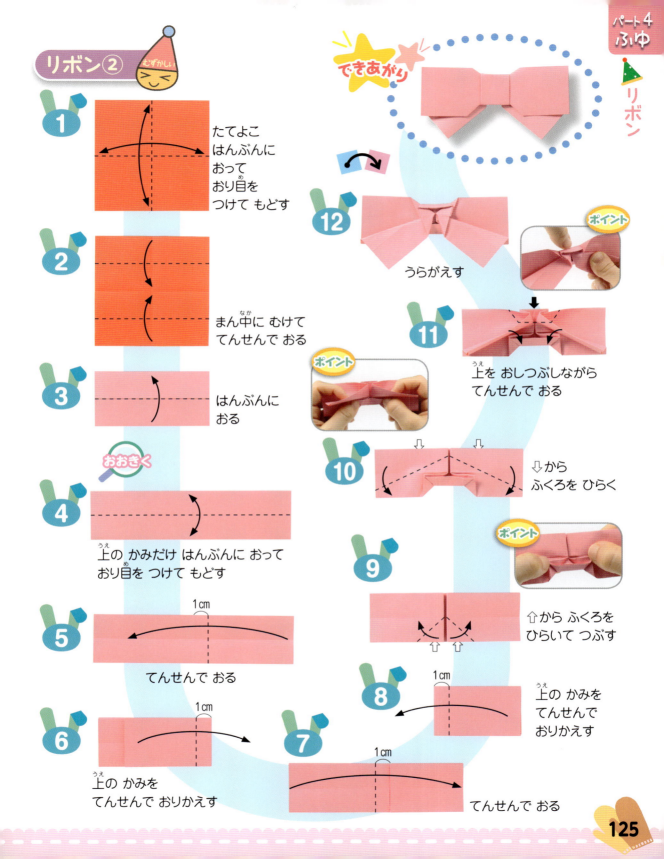

リボン②　むずかしい

リボン

できあがり

1 たてよこ
はんぶんに
おって
おり目を
つけて もどす

2 まん中に むけて
てんせんで おる

3 はんぶんに
おる

4 おおきく
上の かみだけ はんぶんに おって
おり目を つけて もどす

5 1cm
てんせんで おる

6 1cm
上の かみを
てんせんで おりかえす

7 1cm
てんせんで おる

8 1cm
上の かみを
てんせんで
おりかえす

9 ポイント
⇑から ふくろを
ひらいて つぶす

10 ⇩から
ふくろを ひらく

11 ポイント
上を おしつぶしながら
てんせんで おる

12 うらがえす

ポイント

ふゆのおしゃれ

1
たてよこ はんぶんに おって
おり目を つけて もどす

2
てんせんで
うしろへ おる

3
まん中に むけて
てんせんで おる

4
てんせんで
おる

$\frac{1}{3}$

おおきく

5
うらがえす

6
てんせんで おって
おり目を つけて もどす

7
⇨⇦から ふくろを
ひらいて つぶす

ポイント

8
てんせんで
うしろへ おる

おおきく

できあがり

126

ブーツ　むずかしい

「コート」と いっしょに かざる
ばあいは 4ぶんの1サイズの
かみを つかいます

1 たてよこ はんぶんに おって
おり目を つけて もどす

2 まん中に むけて
てんせんで おる

3 上の 1まいを
てんせんで おる

7 左をひろげる

6 てんせんで おる

5 おおきく
まん中に むけて
てんせんで おる

4 うらがえす

8 てんせんで おる

9 てんせんで おって
おり目を つけて もどす

10 ↙から ふくろを
ひらいて つぶす

ポイント

11 おおきく

13 ↑から 上の
1まいを ひらき、
てんせんで
おって 右の
かみを さしこむ

ポイント

14

12 てんせんで
おって おり目を
つけて もどす

てんせんで おる

できあがり

てんせんで
うしろへ おる

ゆきだるまとねこ

ゆきだるま むずかしい

1 たてよこ はんぶんに おって おり目を つけて もどす

2 まん中に むけて てんせんで おる

3 てんせんで おって おり目を つけて もどす

4 てんせんで おる

5 まくように てんせんで おる

128

できあがり

12 うらがえす

かおを かく

きりがみをつくろう！

おりかたは、13ページを 見てね！

ゆきのけっしょう ①

12おり

ゆきのけっしょう ②

12おり

赤い せんを はさみで きってから ひろげる

11 てんせんで おる

ポイント

10 ↗↘から ふくろを
ひらいて つぶす

おおきく

9 まん中に
むけて
てんせんで
おる

6 うらがえす

7 てんせんで おる

1/3

8 てんせんで だんおり

おおきく

1 たてよこ はんぶんに おって おり目を つけて もどす

2 まん中に むけて てんせんで おる

3 てんせんで うしろへ おる

4 はんぶんに おる

5 ポイント

てんせんで おって おり目を つけてから てんせんで かぶせおり

おおきく

6 ポイント

⇨から ふくろを ひらいて つぶす

7 てんせんで うちがわへ おる

8 おったところ。
9 は ぶぶんず

おおきく

9 てんせんで うしろへ だんおり

10 てんせんで うちがわへ おる。 うらも おなじ

11 まよこに ひらく。 うらも おなじ

できあがり

かおを かく

あざらし

1 はんぶんに おって
おり目を つけて もどす

2 まん中に むけて
てんせんで おる

3 まん中に むけて
てんせんで おる

ポイント

おおきく

4 うちがわの かみを ⇧⇩から
ひきだして つぶす

5 てんせんで おる

6 うらがえす

7 はんぶんに おる

8 ①の てんせんで おって
おり目を つけてから ⇩から
ふくろを ひらいて つぶす

ポイント

おおきく

9 てんせんで おる

10 まくように
うちがわへ おる

11 あたまの 小さな かどは
うしろへ おる。
しっぽは てんせんで
なかわりおり

できあがり

かおを かく

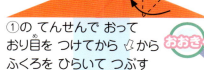
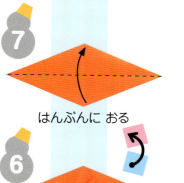

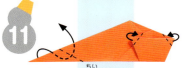

えび かんたん

4ぶんの1サイズで
つくります

1 はんぶんに おって
おり目を つけて もどす

2 まん中に むけて
てんせんで おる

3 てんせんで だんおり

できあがり

もようを かく

かずのこ かんたん

4ぶんの1サイズ。
「えび」の **2** まで
おってから
はじめます

1 **2** てんせんで おる

はんぶんに
おる

3 おおきく

てんせんで
うちがわへ
おる。
うらも おなじ

じゅうばこ

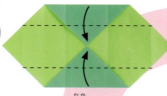

しきりばこ

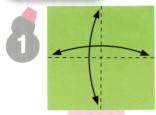

1 たてよこ はんぶんに おって
おり目を つけてから むきを かえる

5 まん中に むけて
てんせんで おる

6 ⇩⇧から ひらいて おり目を
つかって くみたてる

2 まん中に むけて
てんせんで おる

4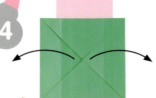
5 のかたちに ひろげる

3 まん中に むけて
てんせんで おって
おり目を つけて もどす

おおきく

7
右を くみたてたところ。
てんせんで 中に おりこむ。
左も おなじように おる

8

「しきりばこ」の できあがり

4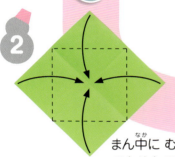
はんぶんに
おる

5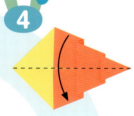
すこし 下へ ひいて
せなかを まるくする

ポイント

くみたてかた

くろい おりがみで
「おべんとうばこ」
（100ページ）を
つくり、
「しきりばこ」を
4つ つくって
中に 入れる

できあがり

できあがり

133

だてまき

むずかしい

●かみの大きさ●

15cm

| パーツ① 1/2 |
パーツ② 1/4

パーツ①

1 はんぶんに おって おり目を つけて もどす

2 まん中に むけて てんせんで おる

3 はんぶんに おる

4 「パーツ①」の できあがり

パーツ②

1 たてよこ はんぶんに おって おり目を つけて もどす

2 まん中に むけて てんせんで おる

3 てんせんで おる

おおきく

4 てんせんで おって 立てる

5 「パーツ②」の できあがり

くみたてかた

1 のりを つけて 「パーツ①」に はさむ

「パーツ①」と 「パーツ②」を ずのように おき、「パーツ①」を てんせんで おって まきつける

2 のり

まきつけて いるところ

さしこむ

3 ポイント

4 うらがえす

できあがり

たつくり

かんたん

2cm×4cmの かみを つかいます

1 はんぶんに おる

2 てんせんで おる

3 うらがえす

できあがり

134

かまぼこ

●かみの大きさ●

15cm	
パーツ① ¼	パーツ② パーツ②

パーツ①

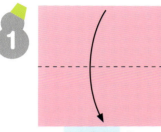

1 はんぶんに おる

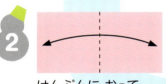

2 はんぶんに おって
おり目を つけて もどす

3 1cm 1cm
てんせんで おる

「パーツ①」の できあがり

6

5
うらがえす

4 5cm
7cm 7cm
てんせんで おる

パーツ②・くみたてかた

1
はんぶんに おって
おり目を つけて もどす

2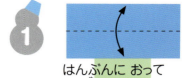
まん中に むけて
てんせんで おる

3
3cm
のり

「パーツ②」の できあがり
2つ つくり、のりを つけて はる

4
のり
のりを つけ、「パーツ①」の
赤せんぶぶんを はさんで
はんぶんに おる

5
のり　のり
「パーツ②」を てんせんで おる。
「パーツ①」の 赤せんぶぶんに
のりを つけて 「パーツ②」に
さしこむ

7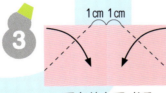
おりこんだところ。
おなじものを
ちがういろで つくる

6
てんせんで
おって おりこむ

できあがり

パート4
ふゆ
おせちりょうり

135

こぶまき むずかしい

かみの大きさ

15㎝ × 15㎝
こぶ

2㎝ かんぴょう

なかみ 1/4

なかみ

1 はんぶんに おる

2 おおきく

3 はんぶんに おる

4 はんぶんに おる。うらも おなじ おおきく

5 「なかみ」の できあがり おなじものを 3つ つくる

かんぴょう

1 15㎝ 2㎝ てんせんで おる

2 かんぴょうの できあがり

こぶ・くみたてかた

1 はんぶんに おって おり目を つけて もどす

2 まん中に むけて てんせんで おって おり目を つけて もどす

3 てんせんで おって おり目を つけて もどす

4 ここが山になる まん中 てんせんで だんおり

5 はんぶんに たたむ おおきく

6 のりを つけ、「なかみ」を おいて まく のり

7 「こぶ」の できあがり 「かんぴょう」を まく

8 てんせんで おって まきつける おおきく

9 てんせんで おる

10 てんせんで おって まきつける

できあがり

136

ふゆのおもちゃ

ふうせん

1

はんぶんに
おる

2

はんぶんに おる

ポイント

3

➪から ふくろを
ひらいて つぶす

4

うらがえす

5

うらも おなじように ➪から
ふくろを ひらいて つぶす

6

まん中に むけて
てんせんで おる

138ページに
つづく

137

7 てんせんで うしろへ おる

8 まん中に むけて てんせんで おる

おおきく

9 てんせんで うしろへ おる

おおきく

できあがり

11 ↑から くうきを 入れて ふくらます

10 てんせんで おって さんかくの ふくろの 中に おしこむ。 うらも おなじ

ふうせんうさぎ　ふつう

「ふうせん」の ⑧まで おって から はじめます

1 てんせんで うちがわへ おる

2 てんせんで おって さんかくの ふくろの 中に おしこむ

3 うらがえす

4 てんせんで おる

できあがり

7 ↑から くうきを 入れて ふくらます

6 ↗↖から ふくろを ひらいて つぶす

5 てんせんで おって おり目を つけて もどす

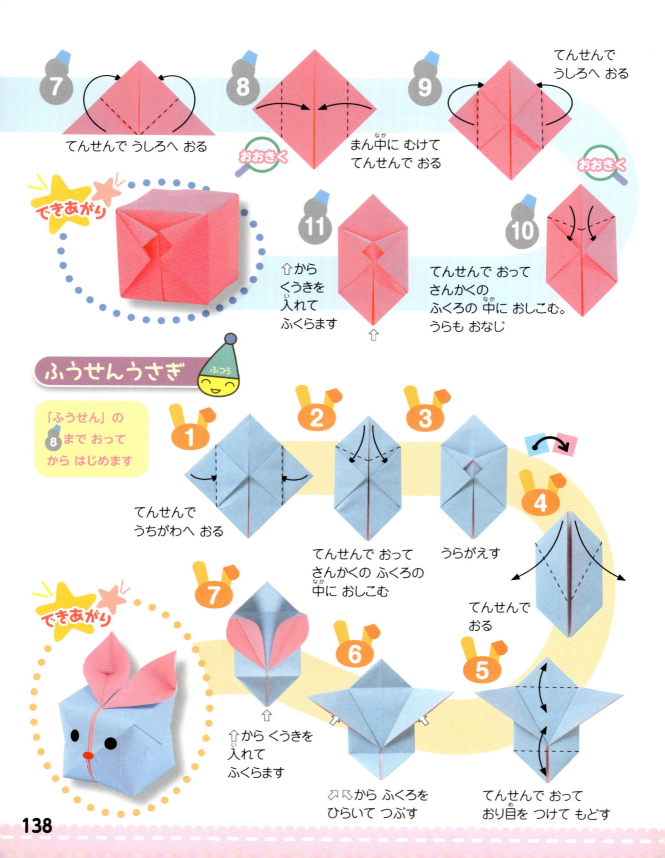

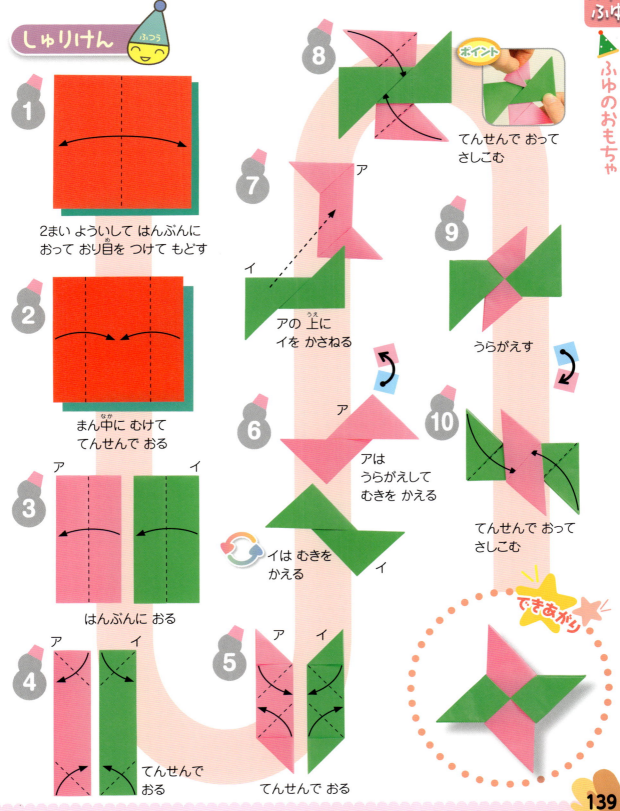

しゅりけん　ふつう

1 2まい よういして はんぶんに おって おり目を つけて もどす

2 まん中に むけて てんせんで おる

3 ア　イ
はんぶんに おる

4 ア　イ
てんせんで おる

5 ア　イ
てんせんで おる

6 ア
アは うらがえして むきを かえる
イは むきを かえる
イ

7 ア
イ
アの 上に イを かさねる

8 ポイント
てんせんで おって さしこむ

9 うらがえす

10 てんせんで おって さしこむ

できあがり

ふゆのおもちゃ

こうはくつる①

むずかしい

1
たてよこ はんぶんに おって
おり目を つけて もどす

2
まん中に むけて
てんせんで おる

3
まん中に むけて
てんせんで
うしろへ おる

4
はんぶんに
おる

5
はんぶんに おる

6
おおきく

ポイント
↗から ふくろを
ひらいて つぶす

7
うらがえして
うらも おなじように
ふくろを ひらいて つぶす

140

こうはくつる②

できあがり

1 上の かどを まえへ、
下の かどを うしろへ おる

2 「こうはくつる①」の 🐾 からと
おなじように おる

つくってみよう！

おりづる

「こうはくつる①の 1 ～ 3 を
おらずに 4 から おれば、
ふつうの 「おりづる」 に なるよ！

できあがり

13 かおを なかわりおりし、
はねを ひろげる

ポイント

12 てんせんで なかわりおり

ポイント

11 てんせんで おる。
うらも おなじ

8 てんせんで おって
おり目を つけて もどす

おおきく

9 ↑から ふくろを
ひらいて つぶす

ポイント

10 うらがえして
うらも
おなじように
ふくろを ひらいて つぶす

えとのどうぶつ

1 たてよこ はんぶんに おって おり目を つけて もどす

2 てんせんで おって おり目を つけて もどす

3 てんせんで だんおり

4 うらがえす

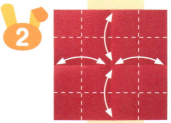

ポイント

5 ⇨⇦から ふくろを ひらいて つぶす

6 てんせんで おる

7 てんせんで うしろに おり、べつの かみを はる

できあがり

もようを かく

かざってみよう！

143〜147ページの えとのどうぶつを はって かざろう

142

えとの どうぶつ
（143～147ページ）を
「やっこだこ」に はる
ときは 4ぶんの1サイズ
～10cm×10cmくらいの
かみで つくります

えとの どうぶつ

ねずみ かんたん

1 **2**

はんぶんに
おって おり目を
つけて もどす

はんぶんに
おる

3
てんせんで おる

おおきく

4
てんせんで おる

5
てんせんで うしろへ おる

できあがり
かおを かく

うし ふつう

1
たてよこ はんぶんに おって
おり目を つけて もどす

2
てんせんで おる $\frac{1}{4}$

3
うらがえす

4
まん中に むけて
てんせんで おる

5
てんせんで
おる

おおきく

6
⇗⇖から ふくろを
ひらいて つぶす

ポイント

7
てんせんで おる

8
うらがえす

できあがり
かおを かく

とら（ふつう）

1 はんぶんに おって
おり目を つけて もどす

2 はんぶんに おる

3 まん中に むけて
てんせんで おる

4 おおきく
てんせんで おる

うさぎ（かんたん）

1 たてよこ はんぶんに
おって おり目を
つけて もどす

2 まん中に むけて
てんせんで おる

3 てんせんで
おる

4 おおきく
てんせんで
うしろへ おる

たつ（ふつう）

1 はんぶんに おって
おり目を つけて もどす

2 まん中に むけて
てんせんで おる

3 まん中に むけて
てんせんで おる

4 うちがわの かみを
⇧⇩から ひきだして
つぶす

へび（かんたん）

1 たてよこ はんぶんに
おって おり目を つけて
もどす

2 まん中に むけて
てんせんで おる

3 まん中に むけて
てんせんで おる

4 ひろげる

うま（かんたん）

1 たてよこ
はんぶんに おって
おり目を つけて もどす

2 てんせんで
うしろへ おる

3 てんせんで おって
おり目を つけて もどす

4 てんせんで
おる

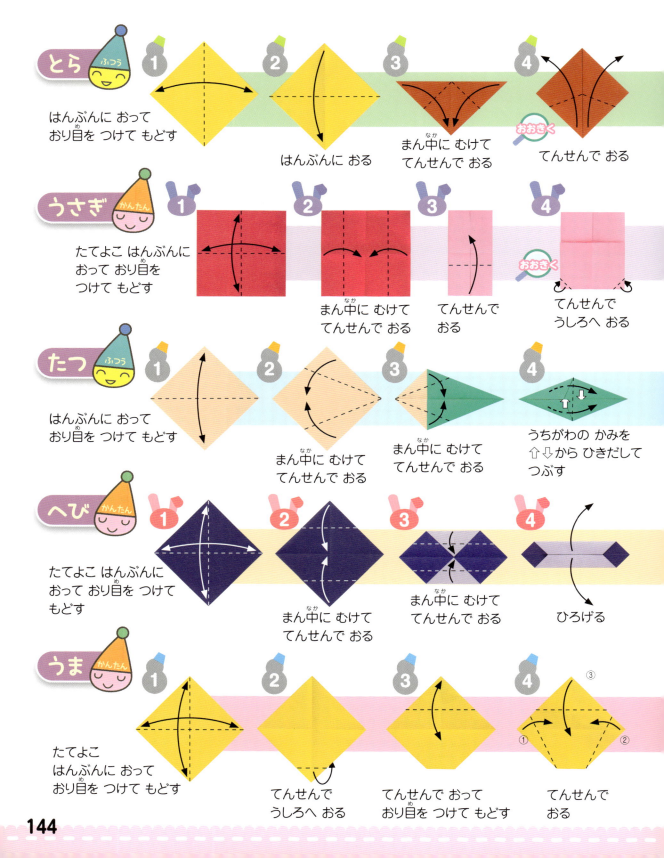

えとのどうぶつ

⑤ てんせんで おる

⑥ てんせんで おる

⑦ うらがえす

⑧ てんせんで おる

⑨ てんせんで おる

⑩ てんせんで うしろへ おる

---

⑤ てんせんで うちがわへ おる

⑥ てんせんで うしろへ おる

できあがり
かおを かく

できあがり
かおを かく

---

⑤ てんせんで うしろへ おる

⑥ うしろへ はんぶんに おる

⑦ てんせんで なかわりおり

ポイント

⑧ ↓から ふくろを ひらいて つぶす。
うらも おなじ

おおきく

できあがり
かおを かく

---

⑤ てんせんで だんおり

⑥ おおきく うしろへ はんぶんに おる

できあがり
目を かく

---

⑤ おおきく てんせんで おる

⑥ てんせんで おる

⑦ はんぶんに おってから むきを かえる

できあがり
かおを かく

145

ひつじ ふつう

1 たてよこ はんぶんに おって おり目を つけて もどす

2 てんせんで おる

3 てんせんで おる

4 うらがえす

さる かんたん

1 たてよこ はんぶんに おって おり目を つけて もどす

2 てんせんで おる

3 てんせんで おる

とり かんたん

1 たてよこ はんぶんに おって おり目を つけて もどす

2 てんせんで うしろへ おる

3 まん中に むけて てんせんで おる

4 てんせんで おる

いぬ かんたん

1 はんぶんに おって おり目を つけて もどす

2 はんぶんに おる

3 てんせんで おる

いのしし ふつう

1 たてよこ はんぶんに おって おり目を つけて もどす

2 てんせんで うしろへ おる

3 てんせんで おる

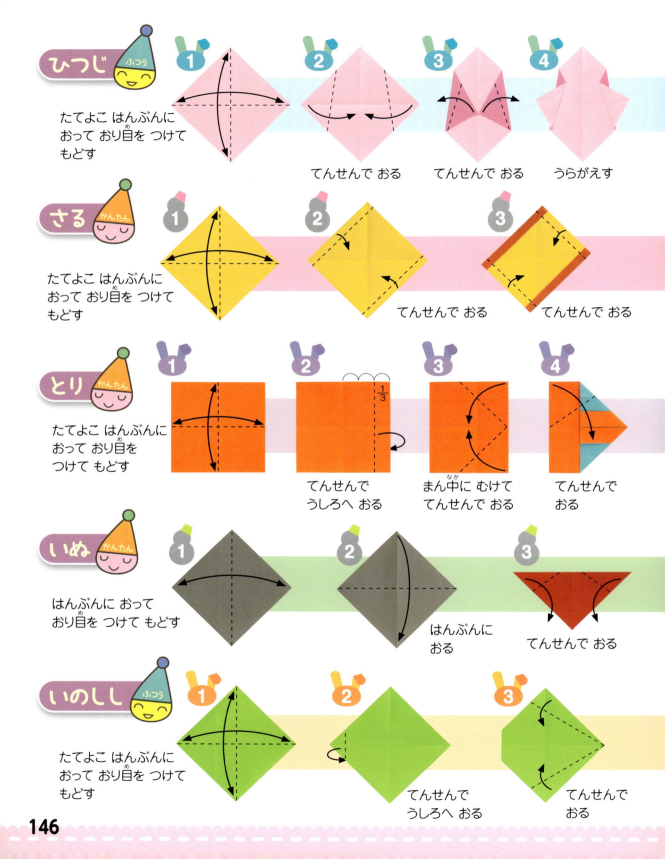

えとのどうぶつ

5
てんせんで
おる

6
おおきく
てんせんで
うちがわへ おる

できあがり
かおを かく

4
てんせんで
おる

5
てんせんで
うしろへ おる

できあがり
かおを かく

5
おおきく
てんせんで おる

6
てんせんで おる

7
うらがえす

できあがり
かおと はねを かく

4
おおきく てんせんで おる

5
てんせんで おる

できあがり
かおを かく

できあがり
かおと もようを かく

4
はんぶんに おる

5
てんせんで
なかわりおり

ポイント

6
おおきく
てんせんで おる

7
てんせんで
うしろへ おる

せつぶん
まめいれとおに

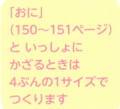
かなぼう

「おに」
（150〜151ページ）
と いっしょに
かざるときは
4ぶんの1サイズで
つくります

1

はんぶんに
おって おり目を
つけて もどす

2

まん中に
むけて
てんせんで
おる

3

てんせんで
おる

おおきく

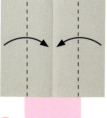
4

てんせんで
おる

5

左も **3** **4** と
おなじように おる

6

てんせんで
おる

7

うらがえす

できあがり

148

まめいれとおに

おにのまめいれ むずかしい

1 はんぶんに おって
おり目を つけて もどす

2 はんぶんに おる

3 てんせんで おって
おり目を つけて もどす

4 てんせんで なかわりおり
ポイント

5 おおきく
てんせんで おる

6 てんせんで おる

7 てんせんで おる

8 左も **5**〜**7**と
おなじように おる

9 おおきく
てんせんで
うちがわへ おる

10 うらがえす

11 てんせんで おる

12 てんせんで
だんおり

13 てんせんで おって
おり目を つけて もどす

14 ポイント
かおと つのの もようを かいてから、
⇩から ひらいて ⬆を つぶす

できあがり

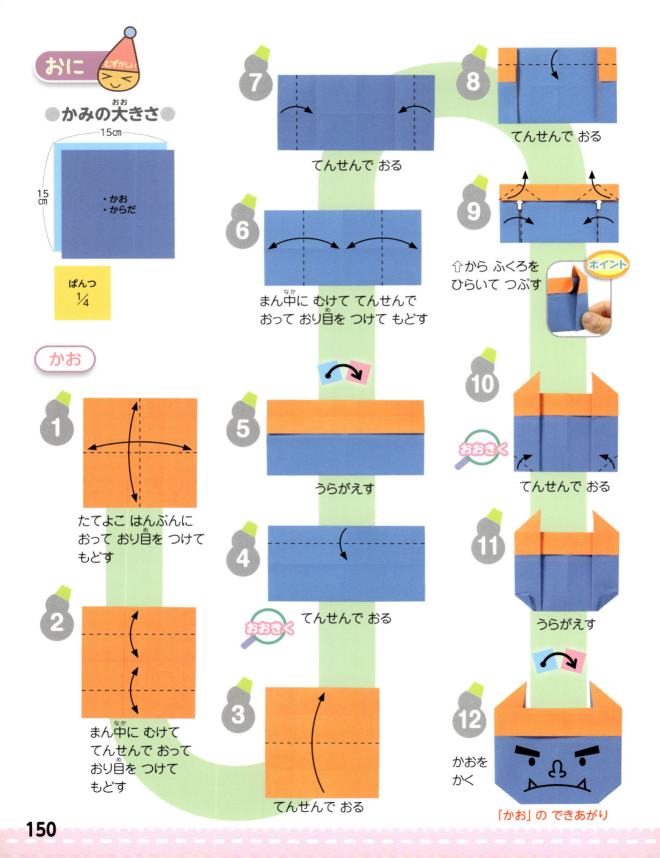

おに むずかしい

●かみの大きさ●

15㎝

15㎝

・かお
・からだ

ぱんつ
¼

かお

1 たてよこ はんぶんに
おって おり目を つけて
もどす

2 まん中に むけて
てんせんで おって
おり目を つけて
もどす

3 てんせんで おる

4 てんせんで おる

おおきく

5 うらがえす

6 まん中に むけて てんせんで
おって おり目を つけて もどす

7 てんせんで おる

8 てんせんで おる

9 ⇧から ふくろを
ひらいて つぶす

ポイント

10 てんせんで おる

おおきく

11 うらがえす

12 かおを
かく

「かお」の できあがり

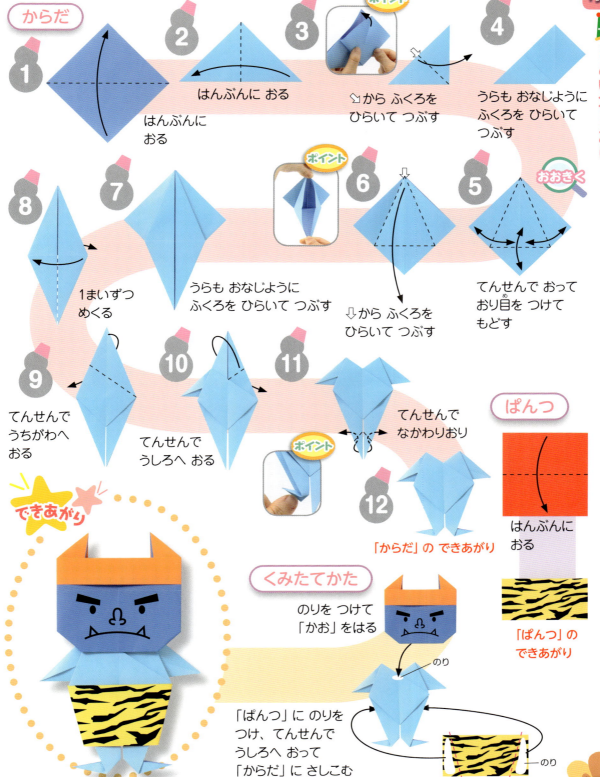

まめいれとおに

からだ

1 はんぶんに おる

2 はんぶんに おる

3 ポイント ↘から ふくろを ひらいて つぶす

4 うらも おなじように ふくろを ひらいて つぶす

5 おおきく てんせんで おって おり目を つけて もどす

6 ⇩から ふくろを ひらいて つぶす

7 ポイント うらも おなじように ふくろを ひらいて つぶす

8 1まいずつ めくる

9 てんせんで うちがわへ おる

10 てんせんで うしろへ おる

11 ポイント てんせんで なかわりおり

12 「からだ」の できあがり

ぱんつ

はんぶんに おる

「ぱんつ」の できあがり

できあがり

くみたてかた

のりを つけて 「かお」を はる

のり

「ぱんつ」に のりを つけ、てんせんで うしろへ おって 「からだ」に さしこむ

のり

かんたんハート かんたん

1

たてよこ はんぶんに
おって おり目を
つけて もどす

2

まん中に むけて
てんせんで おる

3

てんせんで
おる

4

まん中に むけて
てんせんで おる

おおきく

5

てんせんで うしろへ おる

できあがり

チェックハート ふつう

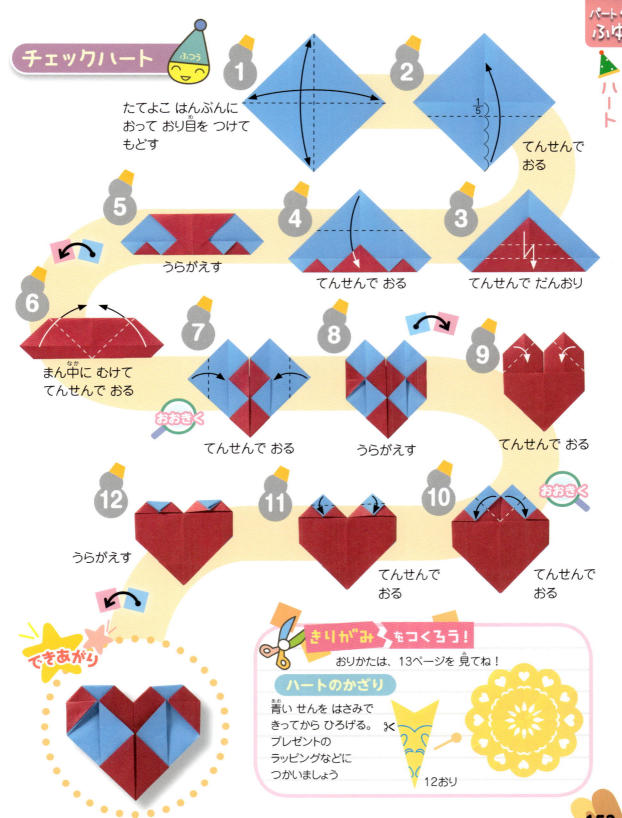

ハート

1 たてよこ はんぶんに おって おり目を つけて もどす

2 てんせんで おる 1/5

3 てんせんで だんおり

4 てんせんで おる

5 うらがえす

6 まん中に むけて てんせんで おる

7 おおきく てんせんで おる

8 うらがえす

9 てんせんで おる

10 おおきく てんせんで おる

11 てんせんで おる

12 うらがえす

できあがり

きりがみ をつくろう！

おりかたは、13ページを 見てね！

ハートのかざり

青い せんを はさみで きってから ひろげる。 プレゼントの ラッピングなどに つかいましょう

12おり

はしぶくろ

きせつごとに つかえる、かんたんで かわいい はしぶくろです。
まいにちの くらしに おりがみを とり入れてみましょう！
おりがみは 4ぶんの1サイズを つかいます。

おたまじゃくし

1 はんぶんに おって おり目を つけて もどす

2 まん中に むけて てんせんで おる

3 はんぶんに おる

4 てんせんで おる　おおきく

5 てんせんで うしろへ おる

6 目を かいて ⇦に はしを さしこむ

できあがり

はな

「ブロッコリー」（103ページ）の **6** まで おってから はじめます

1 てんせんで うしろへ おる

2 ⇩から はしを さしこむ

できあがり

こいのぼり

1 はんぶんに おって おり目を つけて もどす

2 まん中に むけて てんせんで うしろへ おる

3 てんせんで おって おり目を つけて もどす　$\frac{1}{3}$

4 てんせんで おる

5 てんせんで おる

6 てんせんで おって さしこむ　おおきく　ポイント

7 目と もようを かいて ⇦に はしを さしこむ

できあがり

くり

① たてよこ はんぶんに おって おり目を つけて もどす

② 上は うしろへ、下は まえへ、まん中に むけて てんせんで おる

③ うしろへ はんぶんに おる

④ おおきく てんせんで うしろへ おる

⑤ もようを かいて ↑に はしを さしこむ

できあがり

あかとんぼ

●ほんたい・くみたてかた

① たてよこ はんぶんに おって おり目を つけて もどす

② まん中に むけて てんせんで おる

③ まん中に むけて てんせんで おる

④ おおきく てんせんで おる

⑤ てんせんで おって さしこむ

ポイント

⑥ のりを つけて「はね」を はる

⑦ 目を かいて ⇦に はしを さしこむ

できあがり

●はね

「ほんたい」の 4ぶんの1サイズの かみを 2まい つかいます

① はんぶんに おって おり目を つけて もどす

② まん中に むけて てんせんで おる

③ はんぶんに おる

④ 「はね」の できあがり

ししまい

① てんせんで おる $\frac{1}{5}$

② うしろへ はんぶんに おる

③ うしろへ はんぶんに おる

④ おおきく かおを かいて ⇦に はしを さしこむ

できあがり

155

エッグスタンド

たまごに かわいいかおを かいて エッグスタンドに
のせれば、ごはんのじかんが ますます たのしくなるよ!
ここでは、いろいろなぎょうじで かつやくする
3タイプの エッグスタンドを しょうかいします。

シンプルエッグスタンド

❶ はんぶんに おって
おり目を つけて もどす

❷ はんぶんに おる

❸ おおきく
まん中に むけて てんせんで
おって おり目を つけて
もどす

ポイント

❹ ⇨⇦から ふくろを ひらき、
まん中に むけて てんせんで おる

❺ てんせんで うしろへ おる

❻ おおきく
てんせんで おる。
うらも おなじ

ふだんの ごはんに
つかったり、たまごに
きれいなもようをかいて、
イースターエッグを
のせたりしよう!

できあがり

ポイント

❼ てんせんで おる。
うらも おなじ

❽ ⇧から ふくろを ひらき、
上を つぶす

❾ 「シンプルエッグスタンド」の できあがり
たまごを のせる

サンタのエッグスタンド

「シンプル
エッグスタンド」の
❹まで おってから
はじめます。
赤いほうの めんから
おります

① てんせんで
うしろへ おる

② まん中に むけて
てんせんで おる

③ おおきく
てんせんで おる

④ てんせんで おる

⑤ てんせんで おる

⑥ てんせんで おる

ポイント

⑦ ⇧から ふくろを ひらき、
上を つぶす

⑧ 「サンタのエッグスタンド」の
できあがり
たまごに かおを かいてから
のせる

できあがり

赤や みどりの
おりがみで つくると
クリスマスに
ぴったり！

●サンタキャップ　　4ぶんの1サイズの かみを つかいます

① はんぶんに おって
おり目を つけて もどす

② まん中に むけて
てんせんで おる

③ おおきく
テープを はってから
うらがえす

④ てんせんで
おって
おり目を
つけて もどす

⑤ てんせんで おる

⑥ てんせんで
まくように おる

⑦ ⇧から ふくろを
ひらく

⑧ 「サンタキャップ」の できあがり
たまごに のせる

157

きもののエッグスタンド

①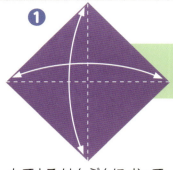

たてよこ はんぶんに おって
おり目を つけて もどす

②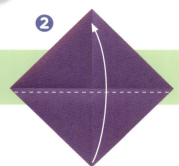

まん中より すこし 下で おる

③

うらがえす

④

てんせんで おる

⑤

わっかにして 先を さしこむ

ポイント

⑥

おおきく

うちがわの 1まいだけ
てんせんで おる

⑦

ポイント

先を つまんで
てんせんで
おり下げる

⑧

のり

先に のりを つけて
うちがわに はりつける

⑨

「きもののエッグスタンド」の
できあがり

たまごに かおを
かいてから のせる

きものの かたちの
わふうエッグスタンドです。
こどもの日や
七五三の おいわいに
つかってね!

できあがり

158

さくいん

著者	**新宮文明**（しんぐう　ふみあき） 福岡県大牟田市生まれ。デザイン学校卒業後、1984 年に株式会社シティプランを設立。グラフィックデザインの仕事に携わるかたわら、製作したオリジナル商品「JOYD」シリーズをトイザらス、東急ハンズのほかニューヨーク、パリなど海外でも販売。98 年「折り紙遊び」シリーズを発売。2003 年に開設した「おりがみくらぶ」は日本を代表する人気サイトになっている。著書に『大人気!! 親子で遊べるたのしい！おりがみ』（高橋書店）、『女の子の遊べるおりがみ 156』（西東社）、『はじめて作る かんたんユニット折り紙』（ブティック社）、『おりがみしようよ！』『3・4・5 さいのおりがみ』『5・6・7 さいのおりがみ』（以上、日本文芸社）などがある。
スタッフ	カバー、本文デザイン：Chadal 108 本文イラスト：Chadal 108 編集協力：佐藤洋子 撮影：天野憲仁（日本文芸社）

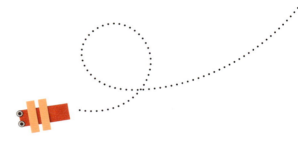

きせつで楽しい
みんなのおりがみ

2016 年 7 月 20 日　第 1 刷発行
2022 年 12 月 20 日　第12刷発行
著　者　新宮文明
発行者　吉田芳史
印刷所　図書印刷株式会社
製本所　図書印刷株式会社
発行所　株式会社　日本文芸社
　　　　〒100-0003　東京都千代田区一ツ橋 1-1-1　パレスサイドビル 8 F
　　　　TEL 03-5224-6460(代表)
Printed in Japan 112160715-112221213Ⓝ12　（121003）
ISBN978-4-537-21403-1
URL　https://www.nihonbungeisha.co.jp/
©Fumiaki Shingu 2016

（編集担当：前川）